天天在家玩創藝

200個創意、藝術創作、手作、瑜伽冥想、自然觀察活動

UNE ANNÉE
d'activités détente avec mes enfants

作 者
拉媞夏・鞏里翁・碧戈達
Laetitia Ganglion Bigorda

蘇菲・德・慕冷愛
Sophie de Mullenheim

蕭芭娜・薇芮
Shobana R. Vinay

譯 者
洪夏天

創意激發活動　圖畫／著色　蒙特梭利工作坊　冥想　瑜伽　說故事時間

蒙特梭利和瑜伽
讓孩子發現自我、平靜又健康

　　瑪麗亞・蒙特梭利，義大利醫生和教育家，她以創造了兒童自然學習方式的教育哲學而聞名，不過沒有多少人知道她也是瑜伽師。

　　「yoga」（瑜伽）一詞，有「union」（聯合）的意思，是身體、心靈和精神合一。在瑪麗亞・蒙特梭利的著作《吸收性心智》（*The Absorbent Mind*）中，她指出：「……運動真正的目的不僅只在創造好胃口或強健身體，而是要服務生存最終目的的大自然。……人的運動必須與中心（也就是大腦）協調，思想和行動不僅是一體的兩面，而且思想得透過行動來加以表達。……精神發展必須與運動相關聯，並且要依賴運動。至關重要的是，教育理論和實踐應該要考量這一點。」

　　瑜伽揭示了通往內心自我的方法，無論我們多麼老。

　　瑜伽，就像蒙特梭利教育，是一個發現的過程。

　　瑜伽和蒙特梭利都是由內而外建立和平，兩者都非競爭性，對孩子應該會有安撫鎮靜的效用；兩者一開始都是簡單的，然後逐漸變得複雜。瑜伽和蒙特梭利，重點都放在進程上，而不是最終的結果。

　　瑜伽利用動作來幫助心靈集中；蒙特梭利教育也透過將大多數孩子的學習過程從課桌上搬到地板上，增添孩子的學習動力。

　　正如你所看到的，瑜伽和蒙特梭利哲學有許多共同點，而透過在幼兒的日常生活中融入瑜伽練習，能從小就促進身體、心靈和精神健康。《天天在家玩創藝》書中提供父母和教育者許多精彩的例子，提示他們如何在與孩子一起工作的同時結合瑜伽和蒙特梭利哲學；同時，內容可以輕鬆遵循，並能在家中和學校中使用。

　　Namaste（合十問候）。

蒙特梭利教師、《我家就是國際學校》作者

魏多麗 Dorota Wernik-Chen

別再錯過孩子的童年

小時候，總是想像力十足，享受各式各樣的遊戲。

成為兩個女兒的爹之後，我才發現孩子最渴望的從來不是玩具，而是爸爸媽媽的陪伴。再昂貴的玩具，沒有人一起玩，也會變得索然無味。即便只是跟孩子握著畫筆隨意塗鴉，孩子也感到獲得了全世界。

「把拔馬麻，你們好厲害喔！」我們是孩子的偶像，但偶像總是很忙。

太忙、太累，成為父母沒空陪孩子玩的藉口，「等一下」是我們最常對孩子脫口而出的三個字。

別再錯過孩子的童年，《天天在家玩創藝》每頁都是一個親子遊戲，365天，每天都有新花樣，是我們這些江郎才盡、擠不出創意的父母，大大的救星！

武林文創・唐詩功夫／創辦人

作者序

　　《天天在家玩創藝》包含了兩百多項有益身心的親子活動，按照一年五十二週來安排，並分成五個類別：創意激發活動、瑜伽、冥想時間、舒緩身心的說故事時間和蒙特梭利工作坊。你不但能和孩子一起做許多活動（如閱讀、肢體運動、繪畫、手工藝……等等），且在互動中透過分享來培養默契。你隨時都能運用本書，不一定要從年初開始。而且，本書循序漸進，為不同年紀的兒童量身定製不同程度的單元活動。

創意激發活動

　　一個禮拜裡，你聽到多少次孩子百無聊賴地說著：「我不知道要做什麼……」你可能會聽到一次、兩次、甚至十次！孩子們不分白天黑夜跟在你身旁，想要和你一起玩。孩子們在你身旁跟前顧後，因為他們想和你在一起，共度一段父母與子女間的親密時光。然而，孩子不知該做什麼才好，大人也不一定有靈感。本書是你的良伴，讓你隨時獲得既簡單又有創意的點子，同時還有撫慰身心靈的效果。這些單元的內容簡單，材料也容易取得，如果實行起來太麻煩，你也不會想去做。同時，這些單元也注重創意，因為孩子的內在就像一座寶山，我們得透過活動去激發他們的潛能，刺激他們的美感，讓他們的想像力盡情馳騁，同時讓他們活用知識。透過各種活動，他們會慢慢了解自我，展現獨特的個人特質。最後，本單元撫慰身心，讓你和孩子留下一段美好的回憶，而且每次完成後，都興奮地期待下一週的新活動！

本單元作者：蘇菲・德・慕冷愛（Sophie de Mullenheim）

　　蘇菲・德・慕冷愛育有六名子女，家裡隨時都是一片熱鬧吵雜，每個人各有想做的事。有人想做手工藝、有人想玩遊戲、有人想發明新東西，還有人晃來晃去到處亂摸……有時大孩子想當一日大廚，而小小孩則想著色畫圖。因此，蘇菲有一個寶庫，裡面藏了各種讓小小孩、大小孩都開心的創意點子。有時，她也會放任不管孩子，讓他們自行發展新遊戲，並從觀察孩子中獲得新點子。

瑜伽

瑜伽是歷史悠久的健身操。瑜伽包涵了簡單和比較複雜的各種姿勢，配合呼吸、調息，能夠促進身體的柔軟度，解除身體與心理壓力，讓精神飽滿、重獲活力。讓孩子早早學習瑜伽對他們的人生有很大的助益。孩子天生就有柔軟的筋骨且有平衡感，往往比成年人更快熟悉瑜伽的各種技巧，也會進步得非常迅速。許多孩子天性愛冒險，只要大人在旁鼓勵，他們就會樂於嘗試新的姿勢。大人要幫助孩子保持正確的姿勢，但要記得，孩子的身體、筋骨與肌肉都還在成長中，千萬不要勉強他們。大部分的孩子都是絕佳的模仿者，因此，只要他們看到你定時做瑜伽，自然而然就會模仿你的動作，和你一起做。孩子沒辦法專心太久，可以利用一些有趣的方式來增加他們的專注力。瑜伽的名稱多半來自動物、鳥雀和自然萬物，可以藉此來吸引孩童；比如請孩子像獅子一樣大吼，或請他們想像自己是隨著弄蛇人的笛聲站起來的眼鏡蛇。

冥想

冥想能讓我們精神專注與呼吸間得到身心靈的祥和寧靜。讓孩子自幼就學會注意自己的呼吸，對精神與身體都有莫大的幫助。許多學校發現，學生學會冥想後，在學業與人際相處上都大有進步。專注力對孩童來說是非常抽象的概念，你可以藉由手指的撫動來幫助他們專心。本單元的第一部分，就是把父母的撫觸當作集中注意力的媒介。急躁繁忙的現代生活中，我們常難以保持專心，而冥想可以喚回我們的注意力，幫助我們放鬆身心。本單元的第二部分則教你如何呼吸。為了讓年紀最小的幼童也能理解，這一部分透過動物或大自然的生物來說明。第三部分則是手印，「手印」是梵文，是蓋印的意思。手印就像是手的瑜伽，結合專注力與呼吸法，能夠平衡我們身上的不同元素。我們的身體和宇宙一樣，是由五種元素形成，並和五指互相呼應。拇指屬火、食指屬氣、中指屬虛空、無名指屬土、小指屬水。同樣的，手掌的每一個部分和每一

根手指都和身體內臟息息相關。手印幫助我們放鬆身心，每種手印都能透過刺激手掌的特定部位，幫助身上的某個部分運作得更順暢。

舒緩身心的說故事時間

本單元都以孩子為故事主角，帶領他們走進幻想世界，同時放鬆身心。這些故事都和自然有關，讓孩子前往如夢似幻的想像世界。聽著你說故事的溫柔聲音，孩子的心就會慢慢平靜下來，化身為故事中的人物。

瑜伽、冥想、說故事單元作者：蕭芭娜・薇芮（Shobana R. Vinay）

在學生時代時，薇芮受到一位瑜伽專家的指引進入瑜伽世界，並潛心修習十年。對瑜伽滿懷熱情的她，希望進一步推廣瑜伽，目前在許多幼稚園及小學教授瑜伽。她也在許多組織教授成人瑜伽，並開辦私人瑜伽班。薇芮在教育體系裡的教學經驗豐富，懂得配合孩童的步調，幫助孩童不斷成長、進步，也明白孩童的注意力和興趣是什麼。本書就是她多年經驗的結晶。

蒙特梭利工作坊

蒙特梭利教學法，是觀察孩童行為發展的科學教育法，鼓勵孩童自由自在的發展、成長。每個孩子都有適宜的發展進度，而蒙特梭利教學法就是為孩童準備一個滿足他們需求的環境。你可以在這個自在又安全的環境裡，鼓勵孩子發展獨立自主性，增加他們的自信心，同時配合孩子的步調，隨時調整學習節奏。

本單元作者：拉媞夏・鞏里翁・碧戈達（Laetitia Ganglion Bigorda）

育有三名孩子，非常關心孩童的陪伴問題與完善教育的她，開辦許多以蒙特梭利教育法為基礎的親子課程。她將用在自己孩子身上的親子教育推廣給

社會大眾，並完成許多大型計畫。碧戈達成立了「蒙特梭利的彩色世界（Aux Couleurs de Montessori）」機構，以發展蒙特梭利教學法為宗旨。碧戈達在成為母親之前，致力於人道活動，經常親眼見到各種慘絕人寰的天災人禍。但後來她放棄事業，專心教育孩子，因為她相信教育是促進和平最有力的武器之一。在本書中，碧戈達希望社會大眾認識蒙特梭利教學法，了解溫和親切的教育方式，將學校中常見的活動帶到家庭生活裡。

創意激發活動

當我們知道彼此心情的好壞，就能避免踩到別人的地雷，不讓氣氛緊張。想讓家中的氣氛和諧，不如做一塊心情告示板，讓家裡的每個人都有機會表達自己當下的心情。別忘了，萬事萬物都隨時更迭，人的心境也變化萬千，所以也要隨之更新心情告示版。告示板一定要放在家中每個人都能看到、可以伸手更動的位置；同時也要清楚明白，讓小小孩也能理解。這是避免家人爭執的好方法，也能讓家人之間更加和諧。在告示板上一吐心聲，就能讓內心的不快獲得抒解。

✂ 心情告示板

❶ 在一張厚紙板上畫出六個欄位，每一欄的底層寫上不同情緒：難過，開心，生氣，累，興奮，煩悶。

❷ 在「情緒」的旁邊，可依據個人喜好加上代表符號。你可以和孩子一起手繪，也可以用印表機印出圖案，如笑臉、好笑的圖樣、各種動物的圖像或畫像……等等。如果家中有大孩子，就把這項任務交給他們吧！你也可以幫孩子拍下各種不同表情，將照片貼上去，做出獨一無二的心情告示板。

❸ 接下來，家中的每個人都要動手準備自己的名牌，紙卡上可以寫名字或貼照片。在每個名牌後面黏上可重複使用的萬用黏土，這樣每個人就可按照心情把自己的名牌黏到適合的情緒欄。如果你家的告示板是放在冰箱上，市面上有賣可以剪成不同大小的磁性貼片，也可以把磁性貼片黏在名牌後面。

♥ 心情告示牌

孩子也許會說，告示板上少了好多情緒，比如：餓、擔心、驕傲……等等。誰知道呢？聽聽孩子怎麼說。這時是和孩子一起討論、了解他們想法的絕佳機會。

如果家有幼童，我們得詳細解釋告示板的功能，讓他們了解告示板上不同欄位的意思。在和孩子說明每種心情代表的意思時，可以利用最近的日常實例來講解。孩子們一定很快就會迷上這個告示板。讓他們每天隨著心情，在告示板上的各種情緒欄位裡，貼上自己的名牌。一天裡面，當然也可以隨時依照心情的好壞而變動名牌的位置。

🐌 蝸牛曼陀羅

幫幼童選出五、六種代表歡樂的鮮艷色彩，讓他們在蝸牛殼上著色，殼上每一格都要使用和旁邊不同的顏色。

若是大一點的兒童，讓他們也選擇六種歡樂的鮮艷顏色來塗滿蝸牛殼。不過他們得先排出六種顏色的順序，由外而內，重複順序來上色。

讓大孩子畫出由深到淺的不同顏色。當他們選定六種不同顏色的彩色鉛筆後，畫第一輪時，呈現最深的顏色，接著使用一樣的六種顏色並依照同樣順序畫第二輪，但下筆時輕一點，呈現比較淺的顏色。用這種方法畫出由外而內、由深到淺的彩色蝸牛殼。

譯者註：法國會用「幼童、中孩子、大孩子」，但並不是指明確的年齡，而是視情況來做小、中、大三者的區分。本書以幼童（約3-5歲）、兒童（約6-7歲）、大孩子（約8-10歲）來表示。家長可依孩子發展狀況略做調整。

蒙特梭利工作坊

孩子們常透過模仿來學習。他們觀察周圍的人事物並照著做，很想跟著大人的步伐一步一步地前進。孩子天生就懂得學習並知道如何進步，只要大人給他們模仿和一起做的機會，他們就會在一次次的訓練中，學會日常生活的各種手勢動作。

瑪麗亞・蒙特梭利女士說：「教育一定得和生活緊密相連。但我們不該壓抑孩童，不用一再糾正他們的行為。孩子自然而然會學會並應用在生活中。」

👐 倒東西

事前準備

材料：

一只托盤

兩個水瓶

一些種子

在日常生活中，讓孩子們隨時隨地練習生活中常用到的動作，即使沒有適宜情境也無妨，重點是讓孩子們能在沒有壓力的情況下，依照自己的速度、韻律反覆練習。給孩子充分的時間一再演練，不需要為他設定目標。慢慢地，他就會懂得如何幫自己和別人倒東西。這是通往獨立自主和發展專注力的第一步。

❶ 每次倒東西之前，你先坐在孩子的右邊，慢慢地示範「倒」的動作，愈仔細愈好。

❷ 在托盤上放兩個一模一樣的水瓶。裝了種子的水瓶放在左邊，空水瓶放右邊。

❸ 用三隻手指握住左邊水瓶的把手，把裡面的種子倒進另一個水瓶裡。

❹ 左邊水瓶倒空，並確認水瓶裡面空空如也，再把水瓶放回原處。

❺ 拿起剛剛裝滿種子的水瓶，依照前面的步驟，再把裡面的種子倒進另一個水瓶。請孩子照你的示範倒倒看。

❻ 孩子可能會對不準瓶口，而把種子灑了出來。讓孩子仔細看你怎麼用三根手指（拇指、食指、中指）把種子拿起來、放回瓶子裡。不要跟孩子說他做錯了。就算他失敗了也沒關係，孩子會從失誤中學習，而在過程中，孩子也會慢慢地建立自尊心。

下面有幾種練習「倒」的方法：

- 準備兩個大碗，用湯匙把碗裡的種子盛到另一個碗裡
- 倒大種子（如大紅豆、黑豆）
- 倒小種子（如扁豆）
- 使用兩種不同容器互倒
- 倒水
- 把漏斗放在不同容器上，把東西倒進漏斗裡

瑜伽——冥想時間

冥想時間主旨在提醒你和孩子做一些有益身心的動作。不論何時，只要有個安靜舒服的地方，你就能和孩子一起做這些動作。讓孩子們在地毯上或自己的床上躺下來，放輕鬆。此時父母站在孩子兩旁，溫柔地低吟充滿想像力的話語，並用你的手指慢慢地撫摸下文中提到的每個身體部位。請孩子把注意力放在手指撫摸過的身體部位，聆聽大人的描述。

🍃 認識身體：頭部

❶ 請孩子想像他的頭是一座高山，他將隨著父母的手指，從高山的巔峰開始旅行，直到下方的深谷。

❷ 把你的手指放在孩子的頭頂，也就是高山之巔。

❸ 手指慢慢地來到額頭，讓孩子感覺額頭的每一處都被手指輕輕地撫摸過，告訴他這是山裡的一座大湖。

❹ 你的手指抵達眉毛，這是兩座茂密的松樹林。

❺ 輕輕地將你的手指撫過孩子閉上的眼皮。告訴孩子這裡是兩座丘陵，每天一早醒來，眼睛就忙著工作。

❻ 別忘了位在臉部兩側、像兩座峭壁的耳朵。它們不斷傾聽四面八方的聲音，需要休息。

❼ 手指回到臉頰上，向孩子形容這是山上的山坡，讓它們好好的放鬆，準備迎接更多的親吻。

❽ 繼續來到高高挺起的鼻子。鼻子一輩子都忙著工作，讓它也好好地休息一會兒。

❾ 你的手指再慢慢下滑，抵達孩子的嘴唇和嘴巴。這是座讓我們能夠說話的大窟窿，也需要好好休息。旅程的尾聲，我們來到下巴，這是陡直深谷前方的最後一座坡地。現在，孩子臉部的高山獲得身心舒暢的放鬆。

讓孩子舒服地躺著，閉上眼睛，手臂放在身體兩側。這是一趟讓身體放鬆、感受身體各個部位的旅程。

創意激發活動

你不需要準備太多東西,就能為孩子帶來一場令他們神魂顛倒的演出。人偶非常容易做,大人小孩都可以做,十隻手指能扮成十個不同人偶,不但簡單、好玩又有趣。幼童會興奮地盯著小人偶瞧,自己編起各種故事;讓大孩子當導演、指揮人偶演出;由你當孩子的觀眾,每個人都會玩得很開心。也可以在洗澡時間玩喔!這是一個讓孩子們熟悉手指動作的絕佳機會,也會帶來數不盡的歡笑樂趣。

✂ 人偶動起來了,動起來了……

家有幼童時,你來當演員

❶ 用水性彩色筆直接在你的手指上畫出一個個的人偶。別忘了,把臉畫在指腹上,人偶動起來會更逼真、充滿活力唷!

❷ 畫上紅紅的鼻子、鬍子,也可以加上項鍊或眼鏡……幾筆小細節就能創造出讓孩子看得目不轉睛的人物。

❸ 洗澡時,把浴缸邊緣當做舞台,讓手指人偶們登場演出。你也可以利用廚房的橡膠手套,剪下手套的手指部分,用永久性色筆把人偶畫在上面,做成人偶指套,一定會大受歡迎!最棒的是,孩子洗澡時可以在既安全又健康的環境玩你親手做的人偶。

♥ 粉墨登場!

你希望為孩子帶來一場難忘演出嗎?創造一段故事!給每個角色不同的聲音,也別忘了製造符合情境的音效。小孩子一定會深深著迷。如果一時想不出好情節,也可以從孩子們喜歡的故事書中尋找靈感喔!

家有大孩子時,由你當觀眾:

❶ 幫助大孩子畫指上人偶,也可以加上一些配件讓角色更生動。比如,纏上一段緞帶當作圍巾,或把豆殼、豆莢套在食指上當作帽子。

❷ 鼓勵孩子們做紙人偶。在紙上剪出人形,再拿一段紙條繞圈做成紙環,黏在紙偶後方底部當作支架,或把紙環套在手指上。也可在紙環上畫一些圖來裝飾。

❸ 想要更有趣一點,可以用厚紙板剪出一個上半身的人形。

❹ 接著在厚紙板下方剪兩個洞,讓手指可以穿過去,就完成一個容易操作的生動人偶!

蒙特梭利工作坊

你一定常看到孩子踏在窄窄的矮牆上面、或走在長條的木板上、或沿著人行道的邊緣走。本單元的蒙特梭利活動都是為滿足孩子身體運動的需求而設計。讓孩童依照地上畫的線條走路，能夠讓他們學會協調身體動作、發展專注力和意志力，還能增加平衡感。最重要的是，孩童能學會最基本的日常動作：走路。

走在線上

❶ 用顏料或粉筆在地上畫一個大大橢圓形，也可以用電氣絕緣膠帶在地上或地毯上貼出形狀。

❷ 請孩子看你如何走路。你站在線上，慢慢地沿著線行走。每一步都穩穩地踏在線上，每一腳都不要踩出線。

❸ 沿著線逆時針而走，身體站直，雙手放鬆地垂在身側。仔細看著自己走的每一步，不用開口跟孩子解釋，專注地走。

❹ 你走完一圈後，請孩子照著你的示範沿線行走。

❺ 當孩子非常熟練之後，再增加一點難度。請他們用腳跟貼著腳尖，一步緊跟著一步走。

❻ 等到孩子習慣之後，你可以依照下列建議把難度再提高：

* 端著空的托盤走
* 在托盤上放一個東西
* 在托盤上放水瓶
* 拿著鈴鐺走，但不要讓鈴鐺發出聲音
* 拿著點火的蠟燭走
* 配合音樂旋律走
* 大步走
* 踮著腳尖走

說不定孩子們還會想出其他行走的方式，比如頭上頂著東西走，或手上握著盛了小球的湯匙走。

山式（Tadasana）

❶一開始先站直，雙腳張開約十公分。

❷手心向下，手臂放鬆垂在身側，輕輕往兩側張開一點。

❸繼續讓雙臂慢慢再移離身體數公分。

❹手心朝下，讓手掌和地面平行，接著盡量讓手指往上抬起，指尖往上方伸展。

❺深呼吸三次。

益處

我們站立時，不是處在完全不動的靜止狀態，而是不斷地左右來回擺盪來達到平衡。山式幫助孩童發展平衡度，降低脊椎錯位的風險。

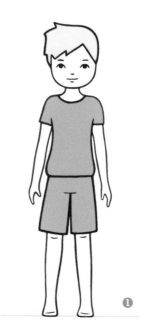
❶

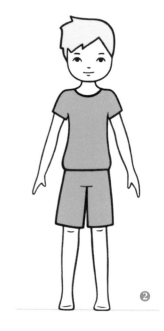
❷

❸

❹

❺

🗨 舒緩身心的說故事時間

高山

孩子，好好地躺下來，放輕鬆。人們一看到高山就會被它的美迷住。你有沒有幻想過從高山頂端俯視世界的感覺？幻想一下，放假時，你請爺爺帶你去拜訪離家不遠的一座山，爺孫兩人一起在山間小徑裡漫步。你一跟爺爺提議，爺爺立刻一口答應。爺爺準備了健行需要的東西，在一個美好的早晨，你們一起出門爬山。

從爺爺家望向那座山時，你覺得好像很容易就能爬上去。但當你們真的走在山路上，卻發現走了一整天還到不了山頂。當天晚上，爺爺找了一個角落準備紮營。帳篷搭好、吃完晚餐後，你和爺爺看著夜空裡的星星。爺爺拿出吉他彈起曲子，你們一起唱著歌。爺爺說：「明天你就可以從山上看到我家了！」隔天早上起床後，你和爺爺繼續往山上爬。你們走到設有安全扶手的峭壁旁，爺爺拉著你，叫你往下看。

多美呀！你看到了爺爺家、山下的村莊，還看見卡車和汽車行駛在一條條馬路上，每樣東西都變得好小、好迷你。你專心地看著眼前的景色，忽然聽見流水聲。爺爺告訴

你，山裡有一座瀑布和一個小池塘，等會兒就可以玩水了。你一想到可以踩著水玩耍，就興奮極了。你們一到池塘邊就換上泳衣，跳進水裡。哎呀，池水多麼沁涼清澈。你和爺爺一起游泳、玩水，喝著純淨的山泉水。爺爺告訴你，這水來自高山上，是冰雪融化而成的。

你和爺爺又爬了兩天的山。此時，你已經看不清楚山谷下的景致，但四周空氣清新，一切都藏在雲霧裡。爺爺說，你們到了雲的底部。你張開嘴，把雲含在嘴裡再吞下去，好玩極了！這會兒，你可以跟朋友說你吃過雲了！該踏上回家的歸途了，但你和爺爺約定好，每年都要到山上來玩。

對孩子說故事時，親子共享片刻的寧靜，放鬆身心。

創意激發活動

躺在草地上、倚在窗台邊，一起欣賞天空帶來的精采演出。帶領孩子觀察雲朵的變化，驚嘆大自然的奧妙，同時拋下忙碌生活的喧囂，放鬆身心。此時也是創造故事的好時機，讓想像力天馬行空地馳騁、挖掘內心的創造力，也可以增加知識。依據不同的時間、季節和天氣，天空就像畫布一樣變化萬千，每次觀察雲朵都能激發前所未有的想像力。

✂ 忘情雲彩間

和幼童一起欣賞雲朵的形狀和色澤：

❶ 分辨小雲朵、大雲朵。找出全白的雲和接近灰色的雲。

❷ 為雲朵分配角色，選出爸爸雲、媽媽雲和小孩雲，編造故事情節。

❸ 雲朵在天空飄蕩，多麼有趣呀！想像一下雲朵要跑去哪兒？在高空中可以看到什麼？去過哪些地方旅行？發生過什麼事呢？

❹ 順便向孩子說明居住的地區，認識周圍環境，比如附近的市鎮、河流、平原、山丘……等等。

和年紀大一點的兒童在一起時，從觀察雲朵中認識物體或動物：

❶ 五歲大的孩子就能找出天空中長得像大象或鯨魚的雲朵。

❷ 順著孩子的話語，讓想像力盡情馳騁。把天空變成巨大的動物園或是藏著無盡故事的寶庫，隨著風與光線的變化，創造不同的人物角色。

和大孩子一起觀察天空時，著重科學內涵：

向他們指出高空中圓圓的、像綿羊般成群結隊的卷積雲；像被撕裂的卷雲；帶著雨珠、入侵藍天的灰色雨層雲；像一大球棉花的積雲；別忘了還有那長得像鐵砧的巨大積雨雲，當它一現身，就代表暴風雨要來了。只要多加練習，孩子們也能成為小小氣象預報員喔！

水鏡

讓幼童為可愛的青蛙和周圍景物塗上柔和、撫慰心靈的粉彩色。

請兒童也替水裡的倒影上色。別忘了，畫倒影時要使用和水岸景像一模一樣的顏色喔！

請大孩子把岸上的青蛙和景物填滿色彩後，畫倒影時使用相同色彩，但不要塗滿，改以線條的方式一筆一筆的畫，模仿水波的流動紋路。

蒙特梭利工作坊

衣飾框可以讓孩童隨時隨地練習平日穿戴衣物的手勢，學習打理儀容，同時訓練他們面對困難任務時的專注力。衣飾框是日常生活教育的一部分，培養孩童自主性和照顧自己的能力，並從中得到成就感，增加對自我身體的認識。同時藉由練習穿衣，也能讓孩童學習一系列的動作，增加手部肌力。透過反覆練習，可讓孩子懂得面對錯誤並從失敗中成長，達到熟能生巧。

衣飾框

準備工作

服飾材料（使用舊衣服即可）：

- 有拉鍊的裙子（非隱形的半開拉鍊）
- 有大鈕扣的大衣
- 全開式拉鍊的外套
- 有暗扣的背心
- 緞帶
- 雞眼扣

每個衣飾框只要有一種拉鍊、鈕扣形式即可。

衣飾框的材料：

- 幾個30 × 40公分的木框（也可以找同樣尺寸的木板箱，把木板拆下來，再用木材接著劑黏合，做成框架）
- 圖釘或衣飾針

將衣服的拉鍊拉上、扣子扣好，以拉鍊、扣子為中心，剪下和衣飾框同樣大小的正方形，接著利用圖釘或衣飾針固定在衣飾框內。

❶ 第一次使用衣飾框時，把衣飾框放在面前，請孩子仔細看你的手如何示範動作。

❷ 不要出聲說明，單純用肢體示範，慢慢地把衣飾框上的拉鍊拉下、或把鈕扣從上到下一一解開，接著再重新拉上拉鍊、或扣好扣子。

❸ 你完成之後，把衣飾框交給孩子，不要期待孩子一次就能做好。讓孩子自己試著拉拉鍊、解鈕扣再扣上。即使他做得不好、手勢跟你不一樣，也不用制止他。

❹ 如果孩子希望你幫忙，請你鼓勵他，告訴他就算他無法馬上學會也沒關係，讓他知道隨時隨地都能拿起衣飾框，隨心所欲地練習。

❺ 你可以告訴孩子，當你跟他一樣年紀時，也得像他一樣反覆練習才能學會。

別忘了，任何多餘的幫助都是孩子成長的阻力。有時，孩子需要的只是一兩句鼓勵的話語，你的微笑就是他們學習的動力，大人不需要幫他們完成任務。

瑜伽—冥想時間

認識身體

🍃 頸部到髖部

此刻，放鬆舒緩的身體，旅程從深谷開始，直達平原。

❶ 請孩子把脖子想像成一座連接高山與平原的橋樑。將你的手指放在孩子下巴那座陡峭的深谷，緩緩下探，直到抵達大橋。告訴孩子，橋樑（脖子）很重要，它連接著高山（頭）和平原（身體），高山和平原仰賴橋樑來溝通。

❷ 過了橋後，讓你的手指走入肩上的小徑。人有肩膀，手臂才能順暢移動。接著，手指抵達緊臨未知汪洋的陡峭懸崖。瞧瞧，人的兩條胳膊不就像位在身體這個大陸旁、往前延伸的長長峭壁一樣嗎？

❸ 你的手指走過峭壁、抵達孩子的指尖，再輕輕地沿著手臂走回肩膀，前往胸前的大平原。大平原生氣勃勃地律動著，因為身體這個大地下有顆不斷跳動的心臟。

❹ 慢慢地移動手指，感受呼吸時胸部的起落和心臟的跳動，這是生命的跡象。讓手指在平原的每個角落遊走探索，身體平原就像地球，承載心的震動，隨著呼吸規律地冉冉上升、緩緩下落。在這片平原之下，藏著讓身體正常運作的大工廠。

❺ 將你的手指移到孩子的腹部，告訴孩子，這裡就是消化食物、提供身體活力的地方。

❻ 讓孩子向左邊或右邊轉動身體，你的手指抵達髖部。告訴孩子，這裡承載了身體一半的重量，同時連接雙腿。任務重大的髖部需要適當的休息，是不是呀？

> 讓孩子舒服地躺著，閉上眼睛，手臂放在身體兩側。這是一趟讓身體放鬆、感受身體各個部位的旅程。

創意激發活動

美國的亞洲餐廳在客人用完餐時，會端上「幸運餅乾」。這種外表像可頌麵包的小餅乾裡藏了一個紙條，敲開餅乾就會掉出紙條。你想不想為孩子準備獨一無二的幸運餅乾呢？不分年紀，大人、小孩都可以一起準備紙條，想想紙條上要寫下什麼訊息。你們可以畫圖、寫下中國諺語、格言、笑話、溫暖心房的語句，然後把字條藏在餅乾裡。也可以依據節氣或場合，寫出不同內容的字條。這是令人會心一笑的有趣活動，準備字條的過程很好玩，品嚐時既美味又暖心。

✂ 美味訊息

字條得在做餅乾前就準備好，因此先做字條。幼童可以在字條上畫圖，比較大的孩子和大人在字條上寫下一段話，如格言、小笑話或小謎語……等等。

唯一限制：字條的大小

字條是寬一公分、長七公分的小紙條。如果紙條太小不好作畫，可以讓孩子先把圖畫好，再剪成合適大小。當大家把點心吃完之後，就把紙條像拼圖一樣拼起來！

準備字條時，最好選擇適合孩子且無毒的彩色鉛筆或顏料。

幸運餅乾的準備工作

食材：
- 一個蛋白
- 五十克的糖
- 一小包香草糖
- 六十克的麵粉

❶ 以一百八十度預熱烤箱。

❷ 打發蛋白，接著加入其他材料。

❸ 在矽膠板或防油紙上倒上一個個直徑約八公分大小的麵團。

❹ 放入烤箱烤六分鐘左右，此時，餅乾的延展性很好，不會太快變乾變硬。從烤箱中拿出餅乾。

❺ 在每塊餅乾上放一張字條，把餅乾對折，彎成可頌的形狀。

♥ 每年的特殊主題
- 一月一日：為新的一年做許願字條
- 四月一日：寫上小笑話
- 母親節或父親節：寫給父母一兩句溫柔感謝的話
- 生日：給壽星的獎勵券或一幅圖畫

小祕訣：把餅乾放進杯子裡，等到餅乾冷卻後就會定形。你沒空親手做嗎？沒關係，也可以把字條塞進現成的餅乾裡，一樣很有趣喔！像是香菸狀的蛋捲類點心就很適合塞字條。

蒙特梭利工作坊

孩子很喜歡把鏡子擦得亮晶晶！他們從中獲得很多樂趣。本單元的重點材料——白堊粉——很受各種年齡的孩子歡迎。下面的步驟也可以用在銅器上喔。

清理鏡子

準備工作

- 托盤一個
- 圍裙一件
- 餐墊一塊
- 棉球數個
- 小淺盤一個
- 白堊粉（粉筆原料）和一點水
- 鏡子一面
- 沙漏一個
- 抹布一塊

❶ 和孩子一起坐在桌前，穿上圍裙。請孩子也跟你一樣穿上圍兜。

❷ 把所有的材料都放在托盤上。先在桌面鋪上餐墊，免得把桌子弄髒。接著拿出棉球、裝了白堊粉的小盤子、鏡子、沙漏和舊抹布。

❸ 每樣物品按照使用順序由左而右排好。

❹ 拿起鏡子，跟孩子解釋這面鏡子很髒。

❺ 加點水在裝著白堊粉的小盤子裡，接著沾溼棉球。把鏡子放在桌子上並以一手固定，另一手用棉球繞圈抹去鏡子的髒污，由左往右畫，就像在寫字一樣。

❻ 抹完二分之一的鏡子之後，倒轉沙漏。等沙漏漏完了，白堊粉也乾了。

❼ 用抹布把鏡面上的粉痕擦掉。

❽ 當你把鏡子擦乾淨後，問問孩子：「鏡子是不是變亮晶晶了？」

❾ 請孩子照著你的動作擦拭鏡子的下半部。等孩子擦亮鏡子後，和他一起清潔餐墊，把棉球丟進垃圾筒，髒抹布放進洗衣籃，餐墊收起來。

瑜伽

樹式（Vrkshasana）

❶ 一開始，雙腳微開，面向前方站好。

❷ 重心放在右腳，左腳慢慢往內抬起，腳掌面向內側。

❸ 慢慢地把左腳跟抬到右腳的膝蓋處。如果孩子站得很穩，你可以幫他慢慢把腳掌抬得更高，舉到大腿旁。

❹ 維持❸的姿勢，站穩，再慢慢地把雙手往身體兩側輕輕抬起，掌心向外。

❺ 一邊深深地吸氣，一邊抬高雙手，直到兩手向上伸直、掌心在頭頂會合。

❻ 雙眼直視前方，不要東張西望。穩定的目光能幫助保持平衡。

❼ 慢慢吐氣，同時回到起始姿勢。

❽ 換邊做做看。重心由右腳換到左腳，右腳腳掌往內、慢慢抬起。

❾ 每邊輪流做滿三回合。

 ❶  ❷

❸ ❹

益處

樹式能幫助孩子發展專注力、平衡感，並增強腳部及腿部肌肉，同時增加肩膀、臀部、膝蓋與腳踝的柔軟度。雙手抬高能夠讓胸腔伸展，使心臟血流更加順暢。

 ❺❻  ❼❽

🗨 舒緩身心的說故事時間

鳥兒與鳥巢

孩子，好好地躺下來，閉上雙眼，放輕鬆。現在想像一下，今天早上你在一陣啁啾鳥叫聲中醒過來。你認出那是麻雀的歌聲，想必春天就要回來了。你很開心，徜徉在和諧的大自然裡。

你站起身，打開窗戶，觀察花園裡的鳥兒。瞧，鳥兒就在那兒！牠在一棵大橡樹的樹枝上！牠在做什麼呢？鳥兒看起來非常忙碌的樣子。看，牠飛起來了！牠要去哪兒呢？牠離開得那麼突然，讓你有點兒難過。不過，別擔心，瞧，牠又飛了回來。牠的鳥嘴上唧了一個東西，但距離太遠了，你看不清楚那是什麼。你跑去櫃子旁，拿出望遠鏡又回到窗邊。現在你看清楚了！原來牠唧著一根細細的小樹枝，牠在築巢呢！那是牠的家，牠的城堡，牠會在那兒生蛋，迎接未來的鳥王子與鳥公主。你替牠感到開心。牠讓你想到爸爸媽媽多麼細心地呵護你。

突然之間，鳥兒唧著樹枝飛走了。牠為什麼飛走呢？發生了什麼事？你看到有隻松鼠跑到同一根樹枝上，原來是松鼠打擾了忙著築巢的鳥兒呀！此時，你聽見更多的鳥鳴聲，原來鳥兒帶著另一隻麻雀回來啦，牠一定是回來幫忙的。當兩隻麻雀停在樹枝上時，松鼠立刻一溜煙地逃走了。

你替牠們感到高興極了，牠們可以繼續建造城堡。第二隻麻雀口中叼著羽毛，讓鳥巢更加堅固完善，替即將出生的雛鳥搭建舒適柔軟的家。

兩天後，你又被鳥鳴聲吵醒了，這次，你聽到了幼鳥的叫聲。你拿著望遠鏡朝樹上看，發現兩隻雛鳥剛剛破殼而出。牠們開心地吱吱喳喳，因為鳥媽媽帶回小蟲餵食牠們。瞧，牠們多開心呀！你也心花怒放了起來。

過了幾週，你發現雛鳥慢慢長大了。牠們踏出了鳥巢，總共有三隻小鳥兒！你看著其中一隻在枝葉間蹦來跳去，小鳥還試著拍拍翅膀。鳥媽媽在旁邊看著。小鳥兒很快就累了，鳥媽媽把牠叼回原本的樹枝上，牠很快又想再試一次。你替小鳥感到開心，相信牠一定很快就會學會飛行。牠會張開翅膀，隨心所欲地飛翔。

對孩子說故事時，親子共享片刻的寧靜，放鬆身心。

創意激發活動

揉、塑、拉、撫、壓、滾……把麵團當做黏土，做成各種小東西、小玩具，實在是讓人放鬆舒心的有趣活動。和孩子一起捏麵時，最簡單的方法就是使用生麵團。全天然的手作麵團優點多多，除了放鬆身心外，還可以激發孩子的創意，做出各種好玩造型。大小孩和小小孩都很喜歡喔！只要給他們大小合適的麵團，不同年紀的孩子就會做出程度不同的成品，連你也會迷上麵團的奧妙，捏出一些有趣的玩意兒！

創意捏麵團

生麵團的準備工作

材料：

- 一杯細鹽
- 二杯麵粉
- 一杯溫水

理想的麵團是延展性佳，不會黏在手指上。如果麵團太黏了，可多灑點麵粉。如果麵團太乾容易裂開，那就多加點水。

❶ 捏完麵團後，如果想保留成品，一定要進烤箱烘烤，而且要烤一陣子。先以七十度的低溫烘烤，接著慢慢增溫到一百二十度。

❷ 至少烤兩個小時，如果成品很大或很厚，烘烤的時間就需更久。

❸ 溫度不要太高，以免烤焦。

❹ 麵團烤好後，讓孩子盡情上色。

❺ 可選用覆蓋性良好的壓克力顏料，不透明水彩的效果也很不錯。

❻ 如果你對畫畫著色沒興趣，可以在捏麵團時用食用色素上色。只要在水中加幾滴食用色素即可。也可以在麵團中加入能夠上色的香料，如番紅花、孜然粉、甜椒粉……等。

創作集

我們和幼童一起玩麵團時，可以利用餅乾模具，壓一下就馬上完成各種造型。或者也可以揉很多的小球，組合成蝸牛、毛毛蟲等等，也可以做成燭台唷！

對大孩子來說，愈費心思的題材愈有趣，比如動物、花朵、小人等。有時，大孩子能做出非常精緻可愛的裝飾品；你可以將成品用強力膠黏上別針，就做成獨一無二的胸針，或者黏上磁鐵來妝點家裡。

曾經，有一棵樹……

請孩子用彩色鉛筆為這棵樹添加生命力。

請**幼童**幫樹畫上葉子。你先示範畫一片葉子，再讓他們自己畫。同時，請他們畫上好幾層綠色，讓顏色更濃郁鮮艷。

請**兒童**發揮想像力，想一下樹上可能會長出什麼東西？也許是很多的葉子、花朵、果實，甚至可能長滿了糖果！

為**大孩子**設下明確的主題：每一根樹枝都代表一個季節，依季節變化順序來作畫，比如結果、開花、含苞、鳥兒築巢、秋天時葉子會變色、冬天時會積雪……等等。

蒙特梭利工作坊

本活動可以訓練孩子「打開」與「關上」的能力。日常環境中有許多東西都會用到開與關，你可以教他們如何合上盒蓋，也可以進一步教他們比較複雜的開關方式。別忘了，配合孩子的能力調整難易度。

打開與關上

準備工作

材料：
開合方式不同的各種盒子。

比如像是：

- 用按壓式扣子固定的盒子
- 門閂式的盒子
- 毛線織成的盒子
- 拉鍊式的盒子
- 吸磁式的盒子
- 用橡皮筋固定的盒子
- 用魔鬼氈固定的盒子

♥ 小點子……

如果你買得到不同的開關系統，可以把這些開關分別固定在小板子上，讓孩子練習。同時可選擇扣鎖、鑰匙鎖、掛鎖、門閂、橫栓鎖、槓桿鎖……等等各種開關方式。

❶ 把裝滿盒子的籃子放到桌上，一手拿著一個盒子，用另一手打開盒子。

❷ 把盒子和蓋子放到桌子的左邊。

❸ 再拿一個盒子，像之前一樣打開後把盒身和蓋子放到左邊。當你打開所有的盒子後，把盒身和蓋子成雙成對的由左到右排開，接著從左邊開始，把盒身和蓋子一一組合回去，再放回籃子裡。

❹ 請孩子照著你的方式做一遍。

❺ 你也可以把盒子換成瓶子。你先示範怎麼轉開瓶蓋，之後再讓孩子照著做。

❻ 如果孩子做不好，千萬別干涉他。如果孩子請你幫忙，這時要多鼓勵他，不要讓他因失敗而灰心。你可以說：「這真的滿困難的。但只要你多練習，總有一天會學會。想不想再試一次？就算你做不好也沒關係，只要你練習，下次就會做得更好。」或者告訴他：「犯錯也沒關係，無法完成也無妨。我們總是要經過很多次的失敗，才能做得盡善盡美。」

❼ 小孩子可能會花很多時間來摸索從沒見過的盒子。有些小孩會對開合發出的聲響很有興趣，有些則會對盒子的形狀、外觀感到特別好奇。

瑜伽──冥想時間

認識身體

🍃 從髖部到腳趾頭

這趟旅程由髖部的大平原一直通往腳和腳趾頭那崎嶇多石的山峰。

❶ 把你的手指放在孩子的腹部大平原上,接著慢慢下移到髖部。這裡每天都支撐著身軀的重量,告訴孩子,要好好放鬆髖部,讓它休息。

❷ 手指往下抵達腿部,兩條腿就像兩條河。它們幫助我們能夠走路、跑步、跳動。它們也需要完善的休息,不是嗎?

❸ 你的手指慢慢往下走,到了大腿和小腿間的膝蓋,這裡好像不斷旋轉的漩渦。你的手指也繞著髕骨(膝蓋骨)轉呀轉。

❹ 膝蓋放鬆之後,你的手指繼續前往河流的下半部。

❺ 順著水流往下,到了膝蓋下方的凹陷處,接著手指順著脛骨往下滑。經過一天的行走、跑步、跳動之後,小腿需要好好舒緩休息。

❻ 小腿之河的底部是腳踝處的一座小池塘。腳踝長時間困在鞋子裡,此時好好讓它放鬆伸展。

❼ 現在,你的雙手握住兩座支撐身體一整天的崎嶇山峰,輕輕地撫觸,讓它們慢慢放鬆。

❽ 慢慢地將手指帶到山峰的背面,那裡是腳掌平原。接著你的手慢慢走向那一座座的腳趾山,最後停在最大也最高的腳拇趾,旅程在此抵達終點。

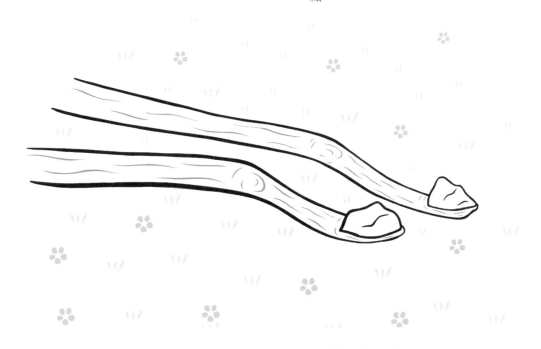

讓孩子舒服地躺著,閉上眼睛,手臂放在身體兩側。這是一趟讓身體放鬆、感受身體各個部位的旅程。

創意激發活動

我們的祖母過去用熱水袋來暖被。當她們生病發燒或肚子痛的時候，熱水袋不但溫暖了不舒服的身體，也溫暖了心靈。不過，用塑膠袋做的熱水袋平淡無奇，還可能會有漏水的風險。不如和孩子一起動手製作溫熱又安全的暖暖包？這個小小的手工藝既簡單又環保，也不需要太多材料，只要發揮一點想像力，就能做出獨一無二的暖暖包唷！

✄ 振奮身心的暖意

製作暖暖包

材料：

- 外袋：一只缺了夥伴的襪子或一只洗澡用的四方型棉布手套（也可以用羊毛手套喔）
- 米粒或麥粒
- 棉線
- 一支縫線針

♥ 暖暖包

與其購買市售的暖暖包，不如自己動手做環保的迷你暖暖包！天氣冷的時候，放進口袋裡，就能隨時帶來滿滿的暖意！

❶ 依照你的喜好、功能與想要的大小，選擇暖暖包的外袋。

❷ 請孩子在袋子裡裝滿米粒或麥粒。

❸ 用針線縫合袋口，要縫得很緊密唷！

❹ 在暖暖包上展現個人風格十分容易，可以用鈕扣、碎布、珠珠、不織布、緞帶……等等來裝飾，發揮個人巧思。記得，千萬不要使用金屬物品來裝飾喔！

❺ 暖暖包完成後，放進微波爐中加熱兩分鐘即可。暖暖包的熱度會持續一段時間。注意，暖暖包從微波爐裡剛拿出來時非常燙，不要赤手拿暖暖包，也不要讓暖暖包直接接觸皮膚。

如果是幼童、兒童，請由爸爸或媽媽來製作暖暖包，讓孩子在旁幫忙。

如果是大孩子，那就讓他們自己做。爸爸或媽媽先準備好針線和裝飾時需要的膠水即可。讓孩子自己發揮想像力，把暖暖包變成小動物、人物、機器人，也可以做成一朵溫暖的花兒。

蒙特梭利工作坊

對孩子來說，沒有什麼比揉麵團更有趣的事了！孩子能在揉麵的過程中，活用觸覺、體會手感，同時訓練手部施力，對孩子的成長有很多好處。不但如此，麵團的材料非常簡單，都是一般家庭廚房中常見的用品。你可以跟大孩子講述麵包的故事，踏上麥子一步一步成為麵包的旅程。爸爸媽媽和幼童一起做麵包時，先仔細示範、解說，再讓他自己動手做做看。

✋ 做麵包

準備麵團

材料：
- 麵粉六百克
- 鹽兩小匙
- 油一小匙
- 酵母粉一包
- 溫水500 C.C

❶把麵粉、鹽和酵母粉倒進大沙拉缽（或大碗）。

❷在麵粉中央挖一個小洞，倒入油和水，用湯匙攪動麵粉，直到麵粉漸漸變稠。

❸用手反覆揉麵粉，直到形成圓形麵團。

❹用抹布蓋住大缽，靜置一段時間以醒麵。等麵團變得比之前大一倍，就代表麵團發好了。

❺烤箱預熱攝氏兩百二十度，把發好的麵團放進去烤三十五分鐘。

揉麵團可能對孩子來說有點困難，請你和藹地鼓勵他試試看！就算孩子揉得不好，揉不出像你一樣漂亮的圓形，也沒關係。如果你糾正他，他就會認為自己無法完成，養成依賴的習慣。讓孩子自己摸索，慢慢找出手感，最後他一定會感到很自豪！

♥ 想要更進一步，可以這麼做……

帶領孩子發掘麵包的傳奇故事，了解麥子是怎麼變成我們所熟悉的麵包。你也可以帶著孩子種下小麥種子，觀察小麥的生長過程。

詢問住家附近的麵包店，能不能讓小朋友參觀，讓孩子認識麵包製作現場。有些熱忱的麵包師傅不但歡迎小孩參觀，還會說起各種麵包的奇聞軼事！

瑜伽

 月式（Piraiasana）

❶一開始，面向前方身體站直，雙腳微微
　分開。

❷深深吸氣，把雙手舉到前方，接著慢慢
　往上抬。

❸ ❹手臂保持高舉，身體輕輕往後仰。

❺回到起始姿勢，並慢慢吐氣。

❻重覆三次。

益處
月式可讓脊椎柔軟靈活，延伸腹部
肌肉，幫助腸道蠕動，有益強健消
化系統。

❶　　　　❷

❸　　　　❹

🗨 舒緩身心的說故事時間

月光下

　　孩子，好好地躺下來，放輕鬆。春天的夜裡，你抬頭望著月亮。月亮又大又圓，閃著美麗的金光。過了幾天，月亮變小了，發出銀光。有時候，夜空裡星光閃閃，但卻找不到月亮的蹤跡。隔了幾天，你發現月亮回來了，一點一滴地慢慢變大。月亮有盈有缺，不斷改變。一開始，月亮像彎彎的絲線一樣細，接著逐步變大，變成了像可頌麵包的眉月。

　　月亮成了你的好朋友。當你和爸爸媽媽散步時，它在天上陪伴著你。它會在樹枝間跟你玩捉迷藏。不管你走在路上或坐在車上，月亮都跟著你，一下子掛在樹上，一下子又被枝葉遮住。它是你忠實的朋友，緊緊地跟隨你。奶奶跟你說了許多月亮的神話故事，而月亮也去拜訪奶奶家，在奶奶的花園、池塘裡玩耍。你拿了一個水桶，從池塘裡汲了點水。瞧！月亮也跑進水桶裡了。

　　你對月亮說話，而月亮也告訴你，它繞行地球與太陽的旅程。月亮還跟你聊起它的其他朋友，最大、最強壯的是木星，被一群小朋友圍繞的是土星，一片湛藍的是海王星，綠色的是天王星，而那個像火一樣紅的是火星。月亮還告訴你，它有許多朋友飛過天空時會劃出一道又長又亮的尾巴，那些是彗星。你說，你很想認識彗星。接著，你告訴月亮，今天在學校裡發生了什麼事，你和朋友又做了哪些事情。

　　黑夜到來，你該上床睡覺了。你希望明天月亮也來陪伴你，日日夜夜毫不間斷。月亮告訴你，其實它一直都在，只是你不一定會看到它的身影。月亮也得花些時間和星星朋友一起玩。而且，白天是太陽大放光明的時刻。你聽著月亮的回答，有點難過。你對月亮獻上飛吻，希望它有個美好的夜晚，對它說明天見。當然囉，當你步入夢鄉時，月亮會整夜在天上閃耀！

對孩子說故事時，親子共享片刻的寧靜，放鬆身心。

創意激發活動

只要幾個手作小圖章，就能創造出漂亮的圖案。不論幾歲的孩子，只要利用顏色與形狀，發揮創意就能做出很棒的圖章。本單元列出許多自己動手做圖章的點子，只要利用家裡現有的素材與日常用品就能做喔！圖章可以印在很多東西上，既好玩又能撫慰身心。不但如此，因為準備時間很短，馬上就能看到成果，孩子會覺得很滿足。只要你和孩子懂得做圖章的訣竅，就能用圖章來作畫、裝飾信紙和筆記本的封面……等等，體驗圖章帶來的無窮樂趣！

✂ 我蓋章，你也蓋章……

家有幼童時，你可以帶他們用樂高（LEGO）或可立寶（Playskool）玩具來做圖章。

樂高積木的兩面都可以用，分別製造出不同效果。

如果有更多時間……

❶ 做圖章時，用美工刀在橡皮擦、馬鈴薯或紅蘿蔔的底部割出圖案。這得由大人來做，通常得花上幾分鐘才能完成。最簡單的作法就是割出幾何圖形。

❷ 你也可以使用切餅乾或蛋糕的模具。先用模具在蔬果上壓出形狀，接著再切出形狀即可。

家有大孩子時

❶ 用厚紙板剪出圖章的圖案（如房子、心形、星形……），或用泡棉切出更精細的圖案（如花朵、小鳥、小人、側影……）。

❷ 切下一塊比較厚的紙板，或把紙板捲成棍子狀，固定在圖章的後面就成了把手。你也可以把瓶蓋或軟木栓黏在圖章背面當把手，使用起來更方便。

♥ 家裡沒有墨水嗎？

如果沒有多種顏色的印泥，可以用顏料來代替。先用畫筆沾顏料，再塗到圖章上面，不但能避免顏料滴得到處都是，也不會乾掉或結塊。

> **小祕訣**：注意！如果要做字母或數字圖章，切割圖案時，記住要左右相反，印出來才會是正確的圖案喔！

🖐 視覺假象

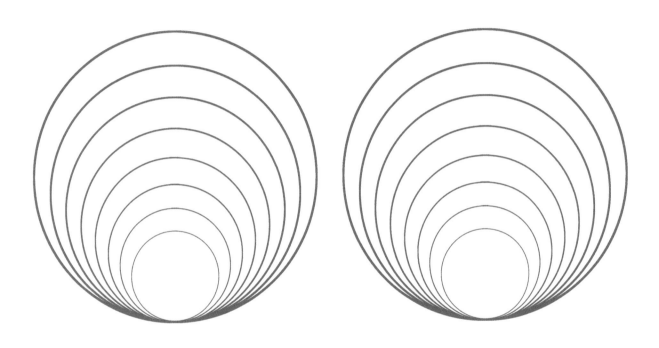

請**幼童**為第一張圖的每一個圓塗上不同顏色。接下來,在第二張圖上,使用第一張圖的顏色、也按照同樣的順序來畫,但著色時用點點的方式上色。

請**大孩子**花點時間,選出八種深淺不一的顏色。接著,請他們在第一張圖由淺到深依序著色;第二張則改為由深到淺。畫好後,問問孩子,他們看到的是一個突起的圓錐,還是往前延伸的隧道?

蒙特梭利工作坊

蒙特梭利的教學法，有透過一系列按照情境演出的練習，來讓孩子學會「優雅與禮儀」。這也是大人在日常生活中應該對待兒童的態度，因為孩子以大人的行為為榜樣，會在日常生活中觀察並模仿大人。和孩子以獨幕短劇的方式做角色扮演，可讓孩子在活潑有趣的遊戲中，學會社會規範，懂得尊重他人。

班傑明・富蘭克林說：「你跟我說過，但我忘了。你教我，我記住了。你暗示我，我學會了。」

禮儀的角色扮演

❶ 你可以請另一半、大孩子或朋友一起加入。

❷ 仔細地向每個參與者解釋，每個人該說什麼、做什麼。

❸ 請大家演出「向別人索取某個東西」，告訴孩子，當我們想向別人拿某項物品時，我們會說：「請你拿給我。」接著告訴他現在要玩請求遊戲。

❹ 你和別的參與者示範一次給孩子看。

❺ 你對一位參與者說：「請你給我一些水好嗎？」對方回答：「好的，我去幫你拿。」當對方拿了一杯水過來時，你對他說：「謝謝你！」對方回答：「別客氣。」

❻ 輪到孩子了，請孩子擔任你的角色。如果孩子沒準備好、或不想玩，你可以直接對他提出請求，引導他回答，並引起他的興趣。別忘了，你的態度要溫和，不要強迫他，同時保持愉快的氣氛，就像玩遊戲一樣。

❼ 你可以把「請」與「謝謝」替換成下面的主題來做角色扮演：

* 你好與再見
* 學會怎麼道謝
* 請求原諒
* 學會讚美
* 讓路給別人過
* 請求別人幫忙

將日常生活中常見的各種情境變成好玩的獨幕劇，和孩子一起演出！

瑜伽—冥想時間

認識身體

🍃 身體背面

這是一場從頭到腳的旅程。

❶ 你的手指從孩子頭部的山巔開始往下走，一路來到後頸的斜坡。這裡支撐著孩子的頭部。告訴孩子，脖子需要休息。接著探索背部廣大無際的沙漠平原，這裡是身體的中央幹線，有好幾個連成一直線的大石頭，它們就是脊椎上的椎骨。

❷ 你的手指輕輕撫摸每一節椎骨，同時感受下方的脊椎。有了健全的脊椎我們才能站著、坐著，現在讓脊椎好好休息一下。

❸ 手指來到脊椎與背部平原的尾端，此時手指往上走，登上臀部的兩座山丘。山丘也需要充足休養。

❹ 每座山丘上各有一條河流流下，你的手指輕輕移動，走向叫做大腿的河流。

❺ 當手指抵達膝蓋的凹陷處，轉動你的手指，讓經常承受壓力的膝蓋放鬆一下。

❻ 手指繼續前行，一直來到支撐全身重量的腳跟。你的手握住孩子的腳跟，好好地按摩，舒緩腳底板，讓雙腳好好地休息。

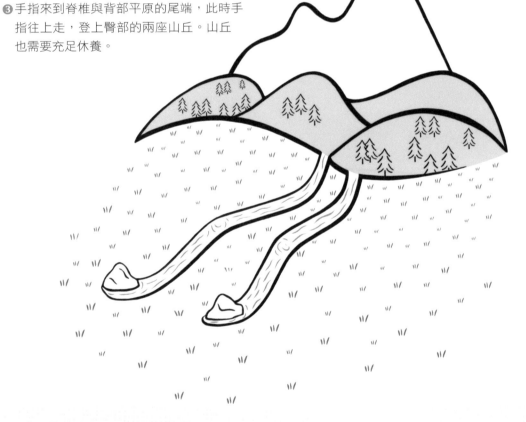

進行本單元時，請讓孩子趴著。

創意激發活動

時光飛逝，人們每天都忙著追趕跑跳碰，和時間賽跑。就連孩子也免不了面對繁忙的生活步調，有時大人小孩都身陷水深火熱之中。「動作快一點！」、「快、快、快！」、「走吧，你快跟上來！」你是否常跟孩子這麼說呢？對孩子來說，懂得放鬆，甚至體會無聊的滋味，都是很重要的學習過程。為了打破急促的生活步調，享受當下，不妨時時說聲「暫停」，轉換心情，放慢腳步，享受光陰的流逝……

✂ 暫停一切！

❶ 這個小遊戲不需要任何材料，不管在哪裡都能和孩子玩。只要有人大喊一聲：「暫停！」大家就要停止動作。

❷ 每個人都停下手邊的事，花兩分鐘好好靜下來。正在玩積木的幼童得停止堆金字塔，吵得沒完的大孩子也要馬上停下來，而掛念著無數瑣事的你也得休息一下。

❸ 在這兩分鐘裡，時間靜止了。那我們要做什麼呢？什麼也不做。我們可以好好觀察周圍的事物，深呼吸，傾聽此刻的寂靜，花點心思，想想我們剛剛正在忙什麼，也可以觀察別人……簡而言之，讓我們重新體會當下。

❹ 具體而言，這個遊戲還能中止孩子之間的爭吵。經過讓心情平靜的兩分鐘後，他們就會把剛剛的爭執拋在腦後。「暫停遊戲」讓我們告別一整天的忙碌，讓吵吵鬧鬧的家裡安靜下來。

❺ 如果你不想大叫「暫停」，那麼準備一只小搖鈴。你一搖鈴，就表示開始兩分鐘的寧靜時間，接著再搖一次鈴，回到日常生活。有時，你也可以讓家中其他成員來當搖鈴使者。也可以把搖鈴換成廚房計時器唷！

♡ 你也需要……

當你獨處時，也得學會提醒自己放慢腳步。你可以在腦中對自己說：「停下來。」暫停手邊所有的事。多麼平靜的感覺啊！教孩子也這麼做，一起享受暢懷放鬆的時光。

蒙特梭利工作坊

孩子很想和大人一起完成日常生活的大小瑣事。藉由參與大人做的事，小孩會慢慢吸收、模仿、練習，最後學會該怎麼做。當孩子依自己的能力、程度完成大人平常做的事時，他們總是非常自豪，慢慢增強自信心，變得愈來愈獨立自主。在廚房裡，讓孩子練習數數，跟孩子述說食物的故事，增加他們觸覺、味覺和嗅覺的敏銳度。

甘地說：「以身作則，不只是為了教育他人，而是為了身體力行。」

準備餐點

❶ 準備餐點時，不同年齡的孩子能幫忙不同的廚房工作。不過在讓他們動手之前，你得先準備適合大小孩童使用的餐具、工具。孩子很想跟著你一起做事，但你得隨時注意他們，並把危險性低的工作交給他們完成；像是讓他們做簡單的餐點，比如沙拉、點心、麵包⋯⋯等等。孩子難免會犯錯，就讓他們自己摸索、矯正。因為有犯錯，他們才能學會。

❷ 準備沙拉時，請孩子先清洗生菜，接著放進生菜脫水器裡，轉一轉，去除菜葉的水分。請孩童切切菜葉，接著準備油醋醬汁。

❸ 你也可以讓孩子做蘋果派之類的簡易點心。市面上有一種削蘋果器，不但能夠削皮、切片，還能去掉果蒂。你可以教孩子做派皮，也可以使用超市裡賣的現成即食派皮。只要請孩子把派皮放進模具裡，用叉子在底部叉出許多小洞；接著請孩子把切片的蘋果一片一片擺放到派皮上，再在上面放些奶油，灑上蔗糖粉，蘋果派就完成了！這道甜點不但容易做，而且廣受大家歡迎。

親子一起下廚，可讓孩子了解自己吃的食物是怎麼做成的，同時也能增加他們的辭彙，促進食欲！

瑜伽

 站立前彎式（Uttanasana）

❶ 一開始，身體站直，雙腳微開。

❷ 緩緩吐氣，輕輕往前彎腰，試試看手能不
能碰到腳。別忘了，雙腿要站直。

別太勉強自己。

❸ 一邊吸氣一邊回到起始姿勢。

❹ 重覆三遍。

益處

站立前彎式對背部有許多好處，也
對腹部器官有益。它能讓消化器官
放鬆、改善脹氣症狀。

❶

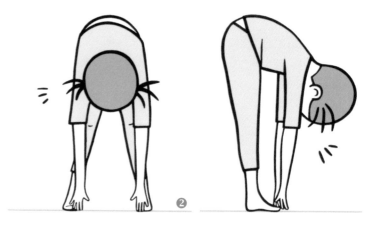

❷

🗨 舒緩身心的說故事時間

和朋友在森林裡遊戲

孩子，好好地躺下來，放輕鬆。現在想像一下，你到一座森林裡玩。你常和父母在林間散步，對這座森林瞭若指掌。這裡離家不遠，所以父母同意讓你自己去。你覺得自己長大了，變得比以前還強壯。大森林的中央有座池塘，那裡是動物們的集會地點。鴨子在這裡划水，還在蘆葦間玩躲貓貓。松鼠也在這兒嬉戲，跳來跳去。還有燕子在樹葉間飛來飛去。你帶著你最喜歡的玩具球來到這裡。

突然間，你聽到身後傳來一陣輕笑聲。你轉過身，發現有個小孩藏在一棵樹背後，給你一個大大的笑臉。他是你的好朋友，原來他想嚇你一跳！他跑過來和你一起玩，你們一起哈哈笑，和他在一起時，你總是很快樂。

他不是空手而來。他騎了一台腳踏車，後面還拉著一個有輪子的箱子。你立刻跳進箱子裡，而好友也馬上踩起踏板，載著你到處兜風。當他騎得很快時，你開心極了，好像在坐旋轉木馬一樣，不過比旋轉木馬還要快。你感覺清新的空氣拂過臉上、髮間，輕飄飄地覺得好像在樹林間飛了起來。

現在，你們停在一塊空地上。兩人一起仰躺在溫暖的草地上，陽光輕輕地撫摸你們，烘得全身暖洋洋地。陽光先照在你們的頭上，接著停在閉著的眼皮上，再慢慢撫過鼻子和嘴唇。陽光烘熱身體，肚子，一直到腳底。熱情的太陽毫不吝嗇地將你們全身烤暖。你睡了很舒服的一覺，直到一陣清風吹過來搔你癢，把你吵醒了。太陽慢慢地西斜，在樹林裡玩起捉迷藏。現在，你得回家了，你把玩具球交給你的好友，他接過球就跳進箱子裡，現在輪到你載他了。你踩著踏板，心情愉快，因為回家的路是下坡，有時你根本不用踩踏板。

很快就回到家門前，你走下腳踏車，跟好朋友說再見。相約一定要再去森林裡玩。

對孩子說故事時，親子共享片刻的寧靜，放鬆身心。

創意激發活動

孩子們很喜歡玩泡泡，特別是年紀小的幼童。他們盯著泡泡瞧，看著泡泡飛來飛去，在陽光下閃爍著各種色彩。不過孩子常常還沒玩夠就把泡泡水打翻了，真是可惜呀！原本平和喜悅的遊戲反而變成挨罵爭吵的起點。幸好做泡泡水很簡單，只需要幾樣材料。如果沒有吹泡泡用的器材，自己動手做也很容易，還可以吹出不同大小的泡泡！泡泡帶來很多樂趣，讓人愛不釋手！

✂ 隨風飛舞的泡泡

在家中準備吹泡泡水

材料：

- 一杯水（約100C.C）
- 四分之一杯的洗碗精
- 一小匙半的糖
- 半小匙的玉米粉

❶ 在糖和玉米粉中加一點水攪拌。

❷ 把❶加入水中，接著倒入洗碗精。輕輕拌勻，注意不要結塊。

❸ 用家中舊泡泡罐裡的吹泡棒來沾取泡泡水，就可以吹泡泡了。市售的吹泡棒的圓圈周圍有刻痕，能夠沾取比較多的泡泡水，吹出比較多的泡泡。

❹ 如果沒有舊的吹泡棒，也可以自己動手做。可以用吸管，也可以剪一段鐵衣架、彎成圓形，甚至可以用剪刀的把手來當吹泡棒喔！用剪刀把手一次就可以吹出兩個雙胞胎泡泡呢。

❺ 欣賞不同大小、形狀、顏色的泡泡，和孩子來場吹泡泡大賽吧！

家有大孩子時，一起動手做不同大小的吹泡棒。切開塑膠瓶，用脖子細細的瓶口處來吹泡泡，可以吹出超級大的泡泡喔。也可以用一段管子，泡泡會黏接在管口，就能把泡泡愈吹愈大呢！

小祕訣： 泡泡破掉時，泡泡水會灑得到處都是。如果天氣不好，不能在戶外吹泡泡，也可以轉移陣地到浴室裡玩喔！

畫像

請孩子在畫框裡作畫

幼童畫畫時，請他一邊畫一邊摸自己的臉，好確保自己沒漏掉鼻子、耳朵、頭髮……等等，這會幫助孩童記住五官的位置。

請大一點的兒童幻想自己長大的樣子、從事的工作，比如消防隊員、舞者或騎士……等等。提醒他們，要畫出自己的外表細節，像頭髮的顏色和長度，眼珠和皮膚的顏色等。

在大孩子面前放一面鏡子，請他們依照鏡子畫出自畫像。

蒙特梭利工作坊

對孩子來說，穿外套並不容易。特別是在寒冷的冬天，穿上好幾層保暖衣物的我們，行動變得遲緩，更不容易穿外套。孩子們很想以自己的力量來穿衣服，渴望獨立自主的感覺。你可以根據孩子的年齡來選擇他的衣物，注意選用他能夠自己扣鈕扣、拉拉鍊的衣服，這樣能夠鼓勵他自行穿衣，而不會產生事事需要別人幫忙的挫折感。

穿外套

❶ 外套與其用穿的，不如用套的方式更簡單！將外套在地上攤開，袖子往兩旁打開，方便等會兒讓孩子「套」上去。

❷ 接著，請小朋友站在外套的領子前面，彎下腰，兩隻手分別伸進袖子裡，接著雙手用力一抬、把外套揮過頭頂，接著站直身體，這樣就「套」上外套了。現在讓孩子試試看！

❸ 讓孩子學會日常生活中的各種動作、懂得自理是非常重要的任務，也是成長必經的路程。他們會慢慢學會日常習慣，增加自信心和自尊心，也會發展智力、邏輯能力，相信自己的能力！

♥ 小重點

想要增加孩童的獨立自主性嗎？不妨重新安排家裡物品的位置，試著把許多東西放在孩子拿得到的地方，讓他能夠主動參與家事，跟著你的腳步學習。

瑜伽—冥想時間

🍃 全身大休息（Savasana）

本單元整合前四次冥想時間的內容，讓你更熟練之前學到的手勢。

❶ 你的手指從孩子的頭出發，輕輕走過臉部的眼、鼻、口和耳，依序向孩子解釋每個部分的功能，提醒孩子讓它們休息。臉部讓我們能看、能聽還能說話，得讓它們放鬆一下。

❷ 手指繼續前行來到上半身，走過肩膀、手臂、手掌和手指。每個地方都動了一整天，此時讓它們好好休息。上半身讓我們呼吸、有心跳、消化食物，而且雙手一整天都在工作。現在，讓它們放鬆一會兒。

❸ 從指尖走回手臂，經過胸部、腹部，同時向孩子解說心臟的維生功能。接著手指抵達臀部，往下就是大腿、膝蓋、腳和腳趾。下半身讓我們能夠做各種動作，肌肉處在緊張的狀態，需要好好休息。跟孩子解釋，每天讓身體冥想的重要性，提醒他，要讓全身放鬆休息。

❹ 讓孩子翻身，趴在床上。你的手指輕輕走過他的背部。跟孩子說，脊椎骨要呈一直線，接著來到臀部、雙腿，最後抵達腳底。告訴孩子，身體各部位的合作讓我們能做許多動作。我們常忘了背和臀部的重要性，此刻一定要讓它們好好休息。沒有它們，我們就無法站立。手指之旅的最後一站是腳，腳和腳跟承載了全身的重量，非常重要。

❺ 人體的冥想之旅到此結束。經歷完善休息後，我們的身體又充滿活力。

讓孩子舒服地躺著，閉上眼睛，手臂放在身體兩側。這是一趟讓身體放鬆、感受身體各個部位的旅程。

創意激發活動

和孩子一起下廚時，就算是準備簡單的料理，也能讓大人小孩都心情愉快，從中獲得成就感。不但如此，如果食物隱含暖暖的情意，更讓樂趣加倍。愛心千層派餅就是個好例子，而且非常簡單易做。小小孩和大小孩都喜歡把玩麵團的觸感，把麵團做成心型的過程很有趣。烤得漂漂亮亮的愛心餅，不但別出心裁，更是分贈親朋好友的禮物。孩子可以送給壽星，也可以送給對我們意義重大的親友，表達我們的愛。我們可以用盤子盛著餅乾，也可以放進圓錐形的紙筒裡，並依照不同的場合來裝飾紙筒。

✿ 我的小心肝

製作愛心千層派餅

材料：
- 一捲現成的千層派皮
- 細砂糖

家有**大孩子**時，你可以幫餅乾加點變化，做成果醬或巧克力口味的派餅。只要在折派皮之前，先把千層派皮抹上果醬或巧克力即可。如果想做迷你愛心餅，只要把千層派皮切成兩份，再照著下方指示，就可以做出小巧的愛心派餅。

❶ 以攝氏兩百一十度預熱烤箱，同時來做餅乾。

❷ 將派皮攤開，在上面撒上兩到三大匙的砂糖。把糖壓一壓，讓糖陷入派皮裡。

❸ 把派皮的左右兩端往內折，形成長方形。

❹ 再把左右兩端往內折一次，派皮成了厚厚的長條形。接著把長條派皮分成一段、一段，每段約一公分厚。

❺ 把分段好的派皮平放在烘焙紙上，並輕輕平壓，就會變成心型。

❻ 再次灑上糖粉，放進烤箱烤十五分鐘左右，餅乾就會慢慢膨脹、變得很飽滿喔。

小祕訣：愛心派餅烤好後，可以請孩子做圓錐紙筒來裝餅乾。這非常簡單！只要先在紙上畫出喜歡的圖案，接著圖案向外、把畫紙捲成圓錐狀，最後用釘書機或膠帶固定好，就是一個獨一無二的圓錐筒！

蒙特梭利工作坊

蒙特梭利教學法中,「安靜」是眾人皆知的一個重點學習課程。許多傳統學校也開始把安靜訓練融合在日常課程中,甚至激發了人們在公開抗議活動中進行「一分鐘肅靜示威」,許多宗教學校也很重視安靜訓練。

瑪麗亞‧蒙特梭利女士說:「完全的安靜即完全的靜止。」

安靜板

❶ 選擇一張看起來平靜祥和的照片或圖像,來當做安靜板。

❷ 把選出來的照片裝進相框裡,在相框背面寫上大大的「安靜」。

❸ 在家裡找個合適的地方(比如客廳),把相框掛起來。

❹ 當孩子心情平靜、穩定的時候,請孩子一起體驗安靜的美好。

❺ 你和孩子一起坐在安靜板前,告訴孩子,現在你們要一起體驗寧靜的氣氛。全身放鬆,讓寧靜慢慢爬上你的腳和腿,接著慢慢地爬上手掌、手臂和頭部。

❻ 享受幾秒鐘全然的安靜,接著問孩子:「你聽到了嗎?我們一起經歷了一場神奇體驗!我們創造了安靜!」

❼ 把相框翻轉到背面,讓孩子讀著「安靜」兩個字。告訴他,以後當圖畫轉過來時,你們就一起創造幾秒鐘的安靜。

❽ 孩子的身體隨時都想動來動去,很難保持靜止。你可以透過其他練習來幫助他控制自己的動作,讓他學會在安靜遊戲中保持靜止、沉默的方法。

- 傾聽內在和外在的聲音
- 傾聽自己呼吸的聲音
- 玩低聲說話的遊戲
- 踮著腳尖慢慢走路

♥ 小重點

你必須了解,不要在孩子正吵鬧、激動時做安靜遊戲。一定要在孩子心情平靜時,這樣他才能控制自己的身體,鎮定心神。只要時常練習,讓孩子覺得安靜遊戲很好玩有趣,你和你的孩子都會慢慢懂得控制自己的情緒、動作和思緒,也會比較容易專心,不容易受外界影響。

瑜伽

 三角伸展式（Trikonasana）

1 一開始，面向前方站好，把雙腳張開，
　像一個大字。

2 雙手往兩旁抬起，直到與肩膀平高，手
　心向下。

3 用力深呼吸，並保持手臂與地面平行。

4 輕輕將身體往右側傾斜，一邊吐氣一邊
　讓右手伸向右腳，停在右腳旁。

5 左手臂和手掌往上拉直，眼睛望向左手
　的手指尖端。

6 回到起始動作。放輕鬆，接著換邊。

7 反覆做三回合。

益處
三角伸展式可讓椎骨放鬆，身體
往左右彎腰能幫助腸道蠕動，促
進消化功能。

● 舒緩身心的說故事時間

花田

孩子，好好地躺下來，放輕鬆。復活節假期的一個美好早晨，你在一片花田中醒來，周圍是成千上萬、五顏六色的各種花朵，每朵花的大小高矮都不同。有的花只到你的腳邊，有些花長得比你還高。到處長滿了向日葵、鬱金香、小雛菊，還有許多的花。

花朵周圍住了各種動物，牠們都十分忙碌。蜜蜂嗡嗡地飛著，忙著採集花蜜，有時一朵花上停了好多隻蜜蜂，好像在互相較勁，看誰有本事採到最多的花粉和花蜜。蚱蜢跳來跳去，從一朵花跳到低處的草梗上玩，和在花間穿梭的蝴蝶擦身而過。色彩絢麗的花朵好像在呼喚蝴蝶，請蝴蝶在花瓣上歇一歇。小昆蟲躲在樹葉下乘涼，而毛毛蟲之類的大蟲一張口就把葉子吃掉了。

每一種花都長得很不一樣。鬱金香像迷你花瓶，向日葵的臉總繞著太陽轉，紅色的虞美人花聚在一起，最嬌小的小雛菊到處

都是，數以千計。

微風一吹，大量的蒲公英就隨風四揚，把你深深地迷住了。你毫不猶豫地摘了四、五朵蒲公英，深吸一口氣，接著用力一吹，蒲公英的小小羽毛立刻在半空中不斷旋轉飛翔。

突然，一陣強風吹過草原。風帶走成千上萬的花瓣，掠過你的頭頂，漸漸往天空飛去。花瓣在你頭上旋繞一陣子，接著飛往下一片田野，下一個國度，下一個世界。

對孩子說故事時，親子共享片刻的寧靜，放鬆身心。

創意激發活動

生生不息的大自然有其運作的韻律，且比我們的生活節奏慢得多。有時，不妨停下腳步，體會自然韻律，逃離忙碌的日常，解放自己。觀察植物發芽的過程，能讓孩子們學會耐心的真諦，驚歎生命的奧妙。只要用心觀看，就會發現每一天，生命都蘊藏了許多驚喜，等著我們去發掘。扁豆容易種植，不需要太多時間等待，就會發芽。扁豆的成長過程既好玩，又令人著迷。不只如此，只要發揮一點想像力，豆芽也能激發我們的創意。

✂ 嘘！發芽了！

事前準備

材料：

- 一把乾扁豆
- 棉花少許
- 水
- 小巧透明的優格玻璃罐

❶ 把棉花沾水浸溼、放入玻璃罐中，把扁豆灑在棉花上，把玻璃罐放在有光線的地方即可。每天的早晨和晚間，和孩子一起觀察種子的變化狀況。

❷ 棉花必須隨時保持溼潤，但玻璃罐的水也不可太多，因為種子泡在水裡就會腐爛。

❸ 為了讓孩子們理解種子的成長過程，請大孩子每天都把種子的狀態畫下來。也可以在每天的固定時間幫扁豆拍幾張照片。

❹ 和孩子一起體驗生命力的神奇，一同觀察新芽的形狀、顏色、成長的方向。

扁豆也可以換成其他常見的豆子，如綠豆、紅豆……等等，增加變化樂趣。記得先把豆子浸在水中半天，再放到溼棉花上面。不然就得等很久豆子才會發芽。

❤ 一起捧腹大笑！

拿一個空蛋殼，放入少許棉花和種子。在蛋殼外面畫上眼睛、鼻子和嘴巴。幾天之後，當種子發芽，就有一個長了幾根頭髮的蛋殼玩偶人！

送您一束花

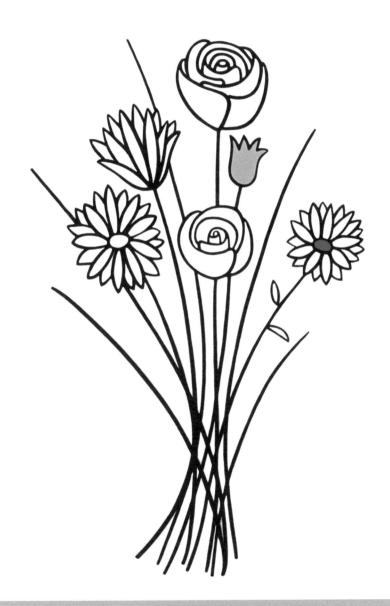

請**幼童**幫這束花塗上暖色系和活潑的色彩，如：橘色、紅色、黃色、粉色和青綠色。

請年紀大一點的**兒童**在沒有花的莖上畫花朵。

請**大孩子**發揮想像力，畫上漂亮的葉子，並為花束加上好看的緞帶。

最後，不妨請孩子想想要把花送給誰，還可畫一張小卡片放在花束上，寫上對方的名字和一兩句溫柔的話。

蒙特梭利工作坊

孩子一學會怎麼用剪刀，就會迫不及待地到處剪來剪去，只要眼前有東西，他們都想拿來剪剪看！為了避免孩子毫無節制地隨便亂剪東西，變成小小破壞王，爸爸媽媽可以帶著孩子一起剪東西，給他各種「剪剪任務」，讓他在大人的輔導下，透過各種練習，學會使用剪刀。

🖐 剪紙

材料：

- 小托盤
- 一個小碗，裡面放一些兩公分寬、三公分長的紙片
- 一把剪刀
- 一個空碗

❶ 跟孩子說，現在要向他示範如何心平氣和地剪東西。

❷ 和孩子一起在桌子前坐下來。

❸ 你拿起小紙片，手握著剪刀，在空碗上方把小紙片剪成兩半。

❹ 請孩子照著你的示範來剪小紙片。

❺ 下面有各種由易到難的剪紙點子：

- 一刀把紙剪成兩份（紙上沒有畫線）
- 在紙上畫兩條斜線，剪在兩條線之間
- 順著斜線剪
- 順著直線剪
- 順著鋸齒狀的線剪
- 順著曲線剪
- 剪出複雜的形狀（星形、水滴、閃電……等等）

♥ 更進一步，可以這樣做……

準備各種印有圖片、花樣的紙張、紙卡，比如雜誌、厚紙板等，讓孩子照著上面的圖案來剪。你也可以準備毛線、泡泡紙、紡織物、模型黏土等，讓孩子剪剪看不同的材質。

瑜伽—冥想時間

◉ 吸收大自然氣息的呼吸法

高山

❶ 進行本練習時，請坐在地上。從以下四種坐姿中選擇一種即可。第一種是盤腿而坐（雙腿自然交叉、雙腳放在內側）。第二種是雙腿併攏、跪坐在腳跟上（金剛坐）。第三種是半蓮式（雙腿交叉，一腳在腿上、一腳在腿下）。如果你和孩子的柔軟度都很好，可以選擇第四種：蓮花式（雙腿交叉，雙腳都放在腿上方）。盤腿時，不要選擇最自然、舒服的姿勢，挑戰稍微有點難度的姿勢，但千萬不要勉強自己，因為處在平靜放鬆的狀態才有助於冥想。有沒有發現坐著的自己，就像一座雄偉的高山呢？

❷ 你是一座高山，有個小人在你的身體上，不斷地上上下下。把你的一隻手臂舉高，指尖

> 家有**大孩子**時，讓他的小人從肚臍開始爬，一路爬上手指頂端，再回到肚臍。

就是你的山巔。另一隻手的食指和中指就是小人的雙腿，它將一步一步往上攀爬，直到征服山頂。

❸ 當小人從肩膀開始，慢慢往另一隻手的指尖爬過去時，緩緩地用口吸氣，不放過任何一點空氣。

❹ 緩慢、悠長地吐氣，讓小人慢慢地往下走。

❺ 小人回顧這一小段美好的健行路程，接著反覆上山、下山數次。

和孩子一起進行這項練習時，請你溫柔地示範，仔細地解釋手指、手臂的象徵意思，再讓孩子跟著你一起做冥想。

創意激發活動

日常生活中，靈敏的五感是我們賴以維生的重要器官。視覺和聽覺幾乎沒有休息的機會，有味覺，我們才能品嚐食物的滋味。有時，一陣強烈的氣味會觸動我們的嗅覺，突然凌駕於其他感官之上。觸覺也很重要，但大多數的時候，我們對此渾然不覺。我們可曾停下手邊的雜事，真心體會不同物品的材質、觸感？孩子們渴望透過手指的觸感來認識世界，因此有些童書特地採用特別的質料製作，讓幼童感受不同材質。不過，你也可以為孩子設計別出心裁的觸覺體驗坊，他一定會覺得很有趣！

✂️ 五指並用

❶ 先準備不同材質的物品：樂高積木、砂紙、泡泡紙、瓦楞紙、沒磨平的粗糙木板、針織桌墊、鞋墊、網球拍、巧克力塊和濾網……等等。

❷ 一開始，請孩子先閉上眼睛，讓他用指尖撫摸不同物品。

❸ 接著，在物品上面放上一張白紙，請孩子用彩色鉛筆或粉筆在墊著物品的紙上塗色。物品的凹凸質地會漸漸呈現在紙上，小孩看到剛剛碰觸的物品變成紙上的有趣圖案，會覺得非常好玩！

❹ 接下來，換別的物品，重複以上步驟，並用不同顏色的彩色鉛筆在白紙上著色。這樣一來，你們就創造了好幾張不同色彩、印著不同質地的畫紙。請孩子在這些紙上剪出花瓣、花朵，就可以做成一束結合各種材質、色彩繽紛的花束！

♥ 從地板到天花板

看看周圍的環境，和孩子一起拿著紙張和彩色鉛筆，把紙墊在不同物品上，到處著色，看看能塗出什麼樣的效果？地毯、壁紙、噴霧玻璃、灰泥牆……每個地方都試試看！你可曾發覺，我們的手指每天都接觸著各種材質，隨時體驗著豐富多變的觸感？

家有幼童時，挑一本適合他的年紀、紙張平滑的著色書。把某種材質墊在紙頁下，讓幼童在上面盡情著色。你可以不時變換不同材質以呈現不同效果。

讓大孩子利用眼前的不同素材，自行想像和構圖設計。他們可能會發現連你也沒注意到的材質喔！

蒙特梭利工作坊

收集六對質料不同，但大小相同的布料，可以從舊衣服或其他紡織品上剪下布料，把它們放在盒子中。本單元的重點是，選擇不同質地，如麻、棉、絲絨、毛氈……等等。透過本練習，可以進一步刺激孩子的觸覺發展。同時，在遊戲的過程中，你可以教孩子認識不同布料的名稱，讓活動內容更豐富。

認識紡織品

❶ 先把六對布料分成兩疊。每疊之中的布料不重覆，將兩疊布分開放在盒子中。

❷ 把盒子放在桌上，打開盒子。

❸ 你先蒙住眼睛，然後拿起第一塊布，仔細用雙手撫觸它的材質，上下裡外都摸摸看。

❹ 在另一疊布料中，摸索質地相同的紡織品。當你摸到一樣的材質時，可以說：「這塊布有一樣的質地。」如果摸到不一樣的材質時，說：「這塊布的質地不同。」

❺ 當你把每組布料都配對成功後，再把布料收進盒子裡。

❻ 請孩子照著你的示範做一遍。

❼ 接下來，你可以準備新盒子，裡面裝不同種類的布料：

- 天然纖維的紡織品
- 人造纖維的紡織品
- 拼布

如果孩子搞錯了布料，沒關係，讓他慢慢發展觸覺，認識不同的觸感。對孩子來說，達成目的不是第一要務，學習過程才是最重要的。

瑜伽

舞王式（Natarajasana）

❶ 一開始先站直身體。保持雙腳平行，雙肩往後。

❷ 深深地吸氣，右手往上，高舉過頭。

❸ 左腳往後彎起。左手往後伸、抓住左腳。

❹ 上半身輕輕往前傾。

❺ 回到起始的站姿，緩緩吐氣。

❻ 換邊做一次，總共重複三個回合。

益處

舞王式能增加孩子的專注力、平衡感，發展腿部肌肉，同時增加背部與臀部的柔軟度。

❶

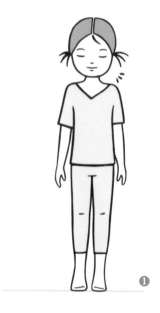

❷

❸

❹

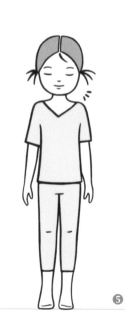

❺

● 舒緩身心的說故事時間

大自然醒來了

孩子，好好地躺下來，放輕鬆。想像一下，春天重回大地，白天又慢慢變長了，天氣漸漸變得暖和，大自然也改變了面貌。

你決定去森林散步。到了森林，你看見土撥鼠、睡鼠、刺蝟和倉鼠在長長的冬天後，紛紛起床，從洞穴裡鑽出頭來。你看著牠們偷偷摸摸地跑出來，又匆匆忙忙地躲起來。牠們非常害羞，別驚擾了牠們。你欣賞著伸著懶腰、剛剛甦醒的植物們，樹枝上裝飾著生意盎然的新綠。這些小小的翠綠嫩芽，很快就會長大，變成漂亮飽滿的葉子。

孩子，睜大你的雙眼，你看到枝枒上小小的花苞嗎？你是不是隱約看見裡面的美麗色彩呢？這些花苞將會開花，用各種繽紛色彩妝點春天的大地。當你湊近花苞時，忙著採蜜的蜜蜂在你耳邊嗡嗡嗡地飛著。你抬起頭望向天空，看到定期遷徙的候鳥回來了！牠們告別溫暖的南部，長途跋涉，終於回到這兒。看哪！燕子、鴨子、鵝、鶴，都出現了。你呢？你最喜歡在春天做什麼呢？你想在公園或遊樂場多玩一會兒？和好朋友一起在森林裡漫步，或騎腳踏車，還是滑滑板車？春天呀，就是盡情玩樂的美好時節。

對孩子說故事時，親子共享片刻的寧靜，放鬆身心。

創意激發活動

生麵團、模型黏土、黏性土、Fimo軟陶泥⋯⋯小朋友很喜歡捏黏土，每個人都能從中表達自己。捏黏土不但放鬆身心，還能抒解白天累積的壓力。當你和孩子忙著用手創造不同形狀時，心情也會跟著平靜下來，因為你們得集中精神才能盡情發揮創意。剛起步的藝術家總會遭遇許多困難，別讓小朋友因無法做出想要的形狀而氣餒。保持和諧的氣氛，發自內心地讚賞他們的作品。鼓勵之餘，也可以給他們一些小意見。

✂ 模型工作坊

第一步，先選擇適合題材的原料。

❶ 玩黏土之前，先帶孩子到美術館、博物館裡走走，欣賞雕塑作品可激發孩子的想像力。你也可以在網路上搜尋或翻閱書籍，多看看雕塑品的照片，可為孩子帶來一些創意點子。

家有**幼童**時，便宜且無毒的生麵團是最棒的材料，也可以使用模型黏土。

家有**大孩子**時，讓他們嘗試藝術家常用的黏性土，或者用多彩的Fimo軟陶泥來創作彩色作品。

❷ 孩子捏黏土時，需要耗費非常多的心力，因為實物和孩子原本的構想難免有出入，小朋友很難馬上做出合乎心意的作品。這時可以從旁建議孩子利用一些小裝飾，讓作品更生動活潑，比如：鈕扣、牙籤、彈珠、堅果、珠子、小木片、礫石⋯⋯等等。你也可以配合季節變化，和孩子散步時收集當季的自然材料，回家後一起裝飾孩子的黏土作品。

❸ 讓大孩子自己去收集讓作品更有趣的裝飾品。或建議他們把小物品壓在黏土上，形成有趣的圖案，創造浮雕般的立體感。

快樂的黏土時間結束時，可以幫孩子們辦場小小展覽會，欣賞彼此的作品。每個人都會為自己的創作自豪不已。

🎨 曼陀羅之心

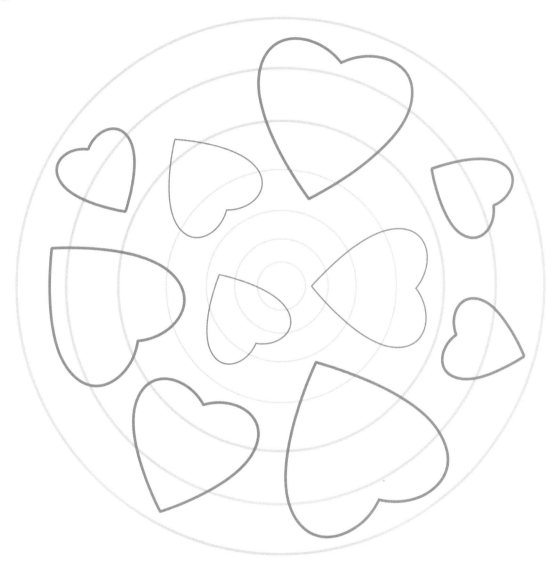

讓**幼童**用紅色、粉紅色和紫色，塗滿每一顆心。

讓大一點的**兒童**為所有的心塗上同一種顏色，接著幫周圍的圓圈上色。從外圈開始，先塗上暖色調，如：紅色、粉紅色、橘色、黃色；接著塗上冷色調，如綠色、藍綠色、藍色、紫色。

讓**大孩子**只用粉紅色和紅色。先以紅、粉紅、紅、粉紅的順序，交替在圓圈上色。接著再畫心形的部分，落在紅色圓圈的部位塗上粉紅色，落在粉紅圓圈的部位塗成紅色。

蒙特梭利工作坊

有別於大部分人的想像，本單元的重點並不是教孩子記不同顏色的名稱，而是讓小朋友懂得辨認色彩的明暗深淺。也就是說，在孩子的腦中建立對顏色的理解力，學會判斷，比較不同的顏色，在兩種接近的顏色中分出深與淺。

色彩遊戲

準備工作：

全部遊戲都會用到的材料：

· 兩組色卡

一號遊戲的材料：

· 一個盒子，在裡面裝六張小色卡：兩張紅色、兩張藍色、兩張黃色。

二號遊戲的材料：

· 一個盒子，在裡面裝十一張相同顏色的色卡

三號遊戲的材料：

· 一個盒子，裡面分成八格，裝進五十六張色卡，分別為藍色、綠色、紫色、紅色、黃色、棕色、橘色、粉紅色，每種顏色各準備七張不同深淺的色卡。

如果沒有現成的色卡，也可以在紙板塗上顏料、裁成方形，就能和小朋友一起玩色彩遊戲！

一號遊戲

❶ 和小朋友一起坐在桌子前，把所有的色卡拿出來，混在一起。

❷ 挑出紅、藍、黃各一張，並將色卡由上到下排列整齊。

❸ 在排好的色卡旁邊，放上同樣的顏色，形成一對同色的色卡。

❹ 跟孩子說明，成雙成對的色卡多好看呀。接著再把色卡弄亂，請孩子重新分類。

二號遊戲

❶ 當孩子漸漸習慣使用色卡之後，就來玩獵色遊戲！

❷ 選擇一張色卡，請孩子找出相同顏色的物體、傢俱、裝飾品。

❸ 慢慢地帶著孩子，在日常環境中，把盒子裡的所有顏色都找出來。

三號遊戲

❶ 從盒子中，選出顏色相同、深淺不一的色卡，把最深和最淺的色卡放在兩端，並在中間放上其他不同深淺的色卡。

❷ 比較每個色卡的深淺，排列出順序。

❸ 把色卡弄亂，請孩子自己排列深淺順序。

❹ 當孩子學會排列每個顏色的深淺順序之後，請孩子把所有的色卡繞著一個圓圈放，第一圈先放上最深的八個顏色，再把色卡由深到淺依序往外排列。中間的圓好像太陽，每一個顏色是太陽的一道光輝，排好後，太陽就有八道不同顏色的光束。

應用在日常生活中

教孩子認識顏色時，還可以透過其他的活動加深孩子對顏色的記憶，特別是對紅、黃、藍三原色的認識。你可以請孩子以原色作畫，或在某一天都吃紅色的食物，某一天都穿藍色的衣服……

瑜伽——冥想時間

🍃 來自大自然的呼吸法

大象

❶雙腳併攏，身體站直。

❷大象會把鼻子伸進水池裡吸水，再舉起鼻子噴水。你和孩子現在要扮成大象。伸長雙臂，左手放在放在右手上，手心朝下。

❸彎下身體，彎得越低越好。

❹微微抬起身體，眼睛望向手指尖，一邊緩緩地吸氣，一邊發出吸水的聲音：「咻……」大象正從水池中吸水。

❺慢慢地舉起雙手。緩緩地吐氣，並發出噴水的聲音。大象的長鼻子把水都噴了出去。當手舉高過頭部，就再次放下、彎腰，把手下移到腳邊。

❻在安詳的氣氛中，重複數次。

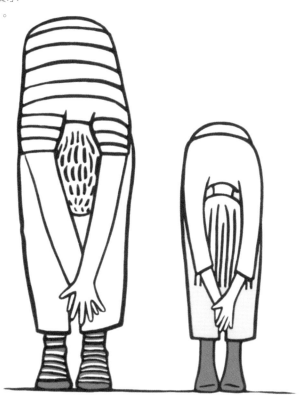

請溫柔地示範給孩子看，仔細地解釋不同動作的象徵意思，再讓孩子跟著一起做。

創意激發活動

我們雖然平時不會注意到鼻子的存在，但嗅覺其實隨時處在工作狀態。然而，許多時候，視覺影響了嗅覺，我們無法好好地欣賞、體會不同的氣味。比如，當我們被許多花朵圍繞，各種鮮艷的色彩立刻抓住了我們的注意力。唯有閉上雙眼，才會專心體會花朵的芬芳。請你和孩子一起認識鼻子，重新體會呼吸的感受。只需要一點點的氣味材料和安靜的環境，就能做這項活動。噓！閉上眼！好好聞一下！

✂ 神祕的芬芳

❶ 把小朋友的眼睛蒙上，讓他聞一聞幾種你事先選好的氣味。別忘了，要考量孩子的年紀，來選擇適合的物品。

比如：咖啡的香味雖然明顯，很有特色，但若孩子只有三歲，恐怕還不認識咖啡。不過，他一定認得出來覆盆子沐浴乳的香氣！

💛 聞香小點子

牙膏、沐浴乳、玫瑰、小熊形狀的草莓軟糖、紅石榴糖漿、香水、香草、薰衣草、薄荷、烤麵包、咖啡、草莓果醬、胡椒、肉桂、洋蔥、百里香、迷迭香、橙花、柳橙、巧克力、檸檬、大蒜、香蕉、醋……

❷ 先從小朋友熟悉以及容易辨認的氣味開始，這對他們來說比較簡單。

❸ 慢慢增加難度。也可讓孩子聞一聞噁心難聞的味道，增加一些趣味性！或把一些食物弄碎，讓它們的味道變得更濃郁鮮明。

❹ 家有大孩子，可用茶包泡幾杯不同香氣的熱茶，讓孩子聞聞茶杯上的蒸氣，問他認不認識這些不同的香味。

小祕訣：在香水調製所裡，人們常會在嘗試每種香味之前，先聞一點咖啡的香氣，避免鼻子被數種香味混淆。和孩子一起玩聞香遊戲時，也可以時不時聞一聞咖啡的味道，保持嗅覺靈敏唷！

蒙特梭利工作坊

小朋友很喜歡把東西分門別類！這能滿足他們對秩序的渴望。蒙特梭利的教育主旨之一，就是配合孩子不同時期的敏銳感知，讓孩子自在地依照內心深處的渴望循序前進，慢慢發展不同能力。在某個時期，孩子會特別喜歡有秩序、有條理的感覺，很喜愛把東西分類排序，或者配合時間、空間，把東西整理好。本單元的分類遊戲還能促進小朋友的另一種感知，也就是五感的靈敏度。

分類遊戲

準備工作

材料：

- 一個托盤
- 一個小籃子
- 四個小碗
- 四種不同的鈕扣，每種鈕扣各準備六枚

分類遊戲可以根據不同主題來分類，如：顏色、形狀、大小、材質……等等。

請小朋友先閉上眼睛，這樣才能把注意力集中在觸覺上，也能增加挑戰性。

❶ 把所有的鈕扣放在小籃子裡，然後放到托盤中間，籃子四周放上四個小碗。

❷ 拿出一枚鈕扣，仔細觸摸它的形狀、質地，接著請孩子摸摸看。

❸ 拿另一枚完全不同的鈕扣，和之前一樣仔細撫摸。問孩子：「這兩枚鈕扣一樣嗎？」

❹ 把兩枚鈕扣放進不同的碗裡，再次閉上雙眼。

❺ 從籃子裡再拿出一枚鈕扣，用一隻手感受它的外觀，同時用另一隻手在四個小碗裡摸索每個鈕扣，想一想，這枚鈕扣應該要放在哪個碗裡。

❻ 和孩子反覆以上的步驟，把籃子裡的鈕扣分別放進不同碗裡。分類完後，就把所有的鈕扣再倒回托盤中央的小籃子裡。

❼ 你也可以用不同的材料來訓練孩子分類的能力：

- 種子
- 貝殼
- 方形物品
- 小珠子

如果小朋友分類錯了，不用出聲指正他。很快地，他就會自己發現錯誤了。

 瑜伽

 戰士一式（Veerabadrasana I）

❶一開始，站直身體。右腳往前踏一步、膝蓋彎曲，左腿伸直。

❷把左腳往外轉90度，與在前方的右腳與呈垂直方向。

❸雙臂舉高，保持平行，頭輕輕往後仰，眼睛望向指尖。

❹保持靜止幾秒鐘，緩緩地深呼吸，接著回到起始位置。

❺換邊做一次，共做三回合。

 益處

戰士式能幫助肋骨健全、張開臀部，強健小腿、大腿和膝蓋，同時也能舒展胸膛、肩膀、頸部、腹部和鼠蹊部；還能讓肩膀、雙臂和背部的肌肉變得更強壯。你也能藉此姿勢訓練耐力與體力，特別是小腿和腳踝的力氣。

🗨 舒緩身心的說故事時間

夏日時光

孩子，好好地躺下來，放輕鬆。這是一個美好的夏日，你可能在自家花園裡，或在公園裡，觀察著各種植物，看著樹木和它們的花朵。突然，你聽到大雨來襲的隆隆雷聲，你立刻找了地方躲起來避雨。落下的雨滴和新鮮的空氣讓你身心舒暢。

過了一會兒，太陽又露出了臉，你再次走到天空下，夏日的神奇令你驚嘆。剛剛嬌艷欲滴的花朵，現在成了各種顏色的果實。春天時綻放的白色櫻花，現在成了紅艷甜美的櫻桃。你環顧四周，發現一大片虞美人花，就像一大塊紅地毯。即使放眼遠眺，你也望不到盡頭。

吃早餐的時間到了。你準備了一些食物，在草地上野餐。螞蟻排成長長的隊伍走過來，享用你手邊落下的麵包屑。小心那些忙碌的蜜蜂，牠們很想嚐一口甜滋滋的水果蛋糕。

現在，你欣賞著周圍萬物的芭蕾演出。松鼠到處跑來跑去，忙著採集橡實或榛果。魚兒輕快地游著，吃著浮游生物或河裡的水草。當夏天來臨，你就和大自然與動物一樣，全身充滿了活力與生命力！

對孩子說故事時，親子共享片刻的寧靜，放鬆身心。

創意激發活動

誰不喜歡用毛茸茸的彩色毛線球摩挲臉頰呢？毛線球多麼柔軟呀！而且作法十分簡單。這是個人人都會做的手工藝，還能展現獨一無二的創意。你可以做大彩球，也能做小彩球，可以選擇顏色一致的材料，也可以做五顏六色的彩球。你可以只做一個，也可以做好幾個再串在一起，變成一條項鍊。你可以做成鬆散的流蘇狀，也可以做成密集蓬鬆的球形。本單元的材料很容易取得，只要有毛線、一把好用的剪刀和一點耐心即可。在完成前，我們永遠不知道彩球會變成什麼樣子。和孩子一起享受手工藝的悠閒時光，期待成品帶來的驚喜吧！

✂ 蓬蓬彩球

彩球的準備工作

材料：

- 紙板
- 安全剪刀
- 不同顏色的毛線團

❶ 剪出兩個圓形紙板，中間各剪出一個洞。把兩個圓紙板疊在一起，將毛線一端穿過圓洞，繞著紙板的半徑纏繞，慢慢地用毛線把整個紙板繞滿。

❷ 接著，輕輕把毛線底下的兩張紙卡分開，露出一點空隙。把剪刀伸進兩紙間的空隙，將紙卡邊緣的毛線一一剪斷。

❸ 拿一根毛線穿過兩張紙卡中間的空隙，順著紙卡繞一圈，打個結，接著用剪刀把紙板由外往內剪開，抽出紙板，最後把結收緊。

❹ 毛球完成啦！現在拿起剪刀把過長的毛線修剪掉，就呈現完美的圓球狀！

為幼童設計的變通方案：

- 你也可以用叉子來做小毛線球喔！如果家中有幼童，很簡單，就讓他們把毛線層層繞在叉子的叉齒部位上。
- 接著，拿一條毛線穿過叉齒中間的空隙，把所有的毛線拉緊，並在叉齒底端打個蝴蝶結。
- 用剪刀把蝴蝶結另一端的毛線剪開，一個非常迷你但很牢固的小毛球就完成了！

想做中型的毛線球嗎？可以用手指取代叉子！在手指上纏繞一圈又一圈的毛線，依照前面的方式，用一條毛線穿過毛線圈、打結，再剪開毛線圈，就完成了！

給大孩子的挑戰

請他們做藍色、白色、紅色的毛線球，或者中央是黃色、外面是白色，看起來像一顆蛋的毛線球！他們在動手做之前，得先動動腦，想一想要如何呈現不同的顏色。

小重點：圓形紙板的大小，會決定毛線球的大小喔！

奇特圖案的樹

請幼童在這棵樹上塗滿冷色系：綠色、藍色和紫色。在同心圓，不用塗不同的色彩，但每個相鄰的圓的顏色不要重複。

請大一點的兒童在幫同心圓上色時，選擇兩種顏色、一圈一圈交替上色。

請大孩子在上色前，先把所有的圓形都畫成同心圓，再一圈圈地上色。

蒙特梭利工作坊

小朋友很喜歡成雙成對的東西。本單元會增進孩子的觸覺敏銳度，認識不同材質。請孩子閉上雙眼，分辨不同質地，把相同質地的東西配對，進一步熟悉生活環境中常見的材質。本活動也能增加他們的專注力。

認識材質

準備工作

材料：

● 十二塊木板（可以從木箱上拆下來）

可用的材質建議：

● 布料
● 砂紙
● 廚房海棉（一面海棉、一面菜瓜布那種）
● 紙板
● 泡泡紙

❶ 把相同大小的十二塊木板或紙板分成六對。把六種不同材質的物體裁成和木板一樣大，用膠水固定在木板上面。你可以在木板上黏上砂紙（可以把東西磨平）、布料、泡泡紙、綠色菜瓜布、瓦楞紙……等等。

❷ 把十二塊木板疊成一落。

❸ 拿起一塊木板，用指尖由上到下的撫觸木板，一隻手摸完後再換另一隻手。

❹ 請孩子跟著你摸木板。接著拿起第二片，和之前一樣，仔細摸一遍。接著問孩子：「這兩塊木板一樣嗎？」

❺ 閉上眼睛，在木板堆中尋找觸感一樣的木板，配成一對。接著請孩子試試看。

❻ 小朋友有時會忍不住把眼睛睜開，這並沒有關係。孩子們一開始會想要透過視覺來確認觸覺。對他們來說，閉上眼睛，只靠雙手摸索並不容易。爸爸媽媽一定要鼓勵他們，保證他們閉上眼也辦得到。不用心急催促，就讓孩子慢慢探索，很快他們就不需要睜眼確認了。「贏得挑戰」並不是重點，最重要的是，讓孩子一點一滴地進步。當孩子開心地練習，就能在沒有限制、外界壓力的環境中成長。

瑜伽—冥想時間

🍃 來自大自然的呼吸法

孔雀

❶ 你可以坐下來，也可以雙腳併攏站直。從以下四
種坐姿中，選擇一種即可。第一種是盤腿而坐
（雙腿自然交叉、雙腳放在內側）。第二種是雙
腿併攏、跪坐在腳跟上（金剛坐）。第三種是半
蓮式（雙腿交叉，一腳在腿上、一腳在腿下）。
如果你和孩子的柔軟度很好，可以選擇第四種：
蓮花式（雙腿交叉，雙腳都放在腿上方）。

❷ 現在，你們要變成孔雀了。孔雀是種美麗眩目鳥
兒。你們要一邊呼吸，一邊展現神氣得意的姿
態。深深地吸氣，慢慢地把雙手從兩旁向上舉
起，在兩側各畫一個大大的半圓。不要放過任何
一絲空氣，全吸進身體裡。

❸ 雙手在頭的上方合起。

❹ 現在，孔雀要把一身艷麗的羽毛合起來。緩緩地
吐氣，同時輕輕把高舉的雙手往兩側放下，把剛
剛的圓收起來。

❺ 在平靜的氛圍中，重複數次。

請溫柔地示範給孩子看，仔細地解釋不同動作的象徵意思，再讓孩子跟著
一起做。

創意激發活動

本單元中的小型日式花園，對兒童有放鬆身心的功效，特別是在結束忙碌的一天後，用小耙子輕輕地劃過沙子，讓在花園裡卵石間的沙子呈現波浪與彎曲的弧線，把身體裡過多的精力釋放出來。每一天，孩子們都能依照當下心境，創造不同的圖案。請小朋友們想像一下，花園裡的小石頭，就像孤立在海面上、被海浪包圍的島嶼。鼓勵他們慢慢地耙沙，如果需要，隨時可以重新開始。你也可以播放音樂，讓孩子們在樂音中耙畫出各式各樣的圖案。

✂ 禪意花園

建立一座花園

材料：

- 一個鞋盒
- 一些沙子
- 數個不同大小的鵝卵石
- 四根火柴
- 烤肉串用的竹籤或鐵串
- 薄紙板
- 白膠
- 膠帶

利用鞋盒的蓋子，建一座屬於你的禪意花園。

大孩子也許會想先幫盒蓋塗上不同的顏色，或用包裝紙來包紮裝飾盒蓋。

❶ 把沙子倒進盒蓋裡，厚度約為一公分。

❷ 想像你在花園裡漫步，花園裡有幾顆大石頭。按照你的想像，將兩、三顆大小不同的鵝卵石放進盒蓋裡。鵝卵石也可以換成樹皮、蛋殼或迷你盆栽。

❸ 記住，花園裡除了沙子，最多只能放三種其他裝飾，這樣才有足夠的空間讓孩子來耙沙。

幼童可以用叉子來耙沙。

選擇一支和花園風格相近的叉子。

大一點的孩子可以自己做耙子：

❶ 裁剪兩個寬1.5公分、長4公分的長方形紙板。

❷ 剪掉火柴棒前端的硫磺部分，接著把四根火柴棒黏在一塊長方形紙板上。記得，每根火柴棒之間的距離要一樣喔！

❸ 把另一塊長方形紙板覆蓋上去，並以膠帶固定。

❹ 在紙板中間戳個小洞，接著把竹籤或鐵串穿過小洞，並固定在一個好施力的角度上，耙子的手把就完成了！現在，動手耙沙吧！

♥ 你知道嗎？

不可以從沙灘上挖沙回家來蓋花園唷！你可以在寵物店或DIY之類的五金店買到沙子。最好選擇白色大理石沙。

蒙特梭利工作坊

神祕袋讓小朋友的實體感覺更加敏銳，進一步認識觸覺。

瑪麗亞‧蒙特梭利女士說：「五感是『攫取』外在世界各種資訊的器官。有了五感，我們才能獲取知識，就像手是身體必備的器官，有了手我們才能抓取東西。」

神祕袋

❶ 進行本單元之前，先準備一個小袋子，將各種物品裝進袋中，並且讓孩子都知道它們的名稱。

❷ 把袋子裡的東西一一拿出來，確認小朋友認得每一個東西、知道怎麼稱呼它。再把所有的東西放回袋子裡。

❸ 把你的兩隻手伸進袋子裡，抓住一樣物品後，說出它的名稱，接著從袋子裡將那樣物品拿出來。

❹ 請孩子照著你的示範做。如果他抓住了一個東西，但說不出它的名稱，那就把東西留在袋子裡，不要拿出來。

❺ 可以時不時更換袋子裡的東西，以增加變化。也可以依照不同主題，來選擇袋子裡的內容物，比如：廚房用具、浴室用品、森林裡的東西……等等。

❻ 也可以準備成雙成對的物品，分別放在兩個袋子裡。比如，在一只袋子中裝了湯匙、鵝卵石、堅果、曬衣夾、球等物品，並在第二只袋子中裝進同樣的物品。這樣一來，你就可以和孩子一起玩找相同的遊戲。

❼ 你先把手伸進你的袋子裡，拿出鵝卵石，並說出它的名稱。接著，請孩子在他的袋子裡也找出鵝卵石，再拿出來。

❽ 袋子裡的物品，記得要選擇沒有危險性的東西喔！

 瑜伽

 戰士二式（Veerabadrasana II）

① 一開始先站直身體。右腳往前踏一步、膝蓋彎曲，後面的左腿伸直。

② 後面的腳轉向外側，使與前面的右腳呈垂直方向。

③ 輕輕轉動上半身，頭部不動，也就是讓臉保持面向前方。

④ 將右臂往前伸直、左臂往後伸直。保持此姿勢數秒鐘，並緩緩地深呼吸，再回到起始位置。

⑤ 換邊，並重複做三回合。

 益處

戰士式能讓肋骨健全、張開臀部，強健小腿、大腿和膝蓋；也能舒展胸腔、肩膀、頸部、腹部和鼠蹊部；同時能讓肩膀、雙臂和背部的肌肉變得更強壯。你也能藉此姿勢訓練耐力與體力，特別是小腿和腳踝的力氣。

舒緩身心的說故事時間

沙灘上

孩子，好好地躺下來，放輕鬆。你聽到海浪從遠方而來，一路捲上沙灘的聲音。你還聽見其他的孩子們在海浪間跳躍的嬉鬧聲。陽光普照，有人在玩沙。你猜得沒錯，你就在一座沙灘上。

孩子，盡情玩耍吧。在沙灘上堆一座大大的沙堡，沙堡裡有許多小堡壘，周圍有一座城牆和守望塔。接著，你在沙堆中間堆了一座大主塔，並在城堡周圍挖一道護城河。現在，你面向天空躺下來，在沙堆上揮動你的手臂和雙腿。瞧，你在沙地上畫了一個穿著長袍的天使！你悄悄地站起來，在溼溼的沙地上漫步，印下一連串的腳印；還試著把你的小腳踩進大人留下的腳印裡。

你繼續漫步，撿著沙灘上的貝殼。接著你拿起水桶和漁網，決定去抓螃蟹。

現在，你就像一名大探險家一樣出發了。你翻動石頭，觀察下面藏了什麼生物。孩子，小心別打擾了牠們，記得要把石頭放回原處。瞧瞧大石頭上的水草。小心喔！水草很滑，而且可能有毒。

此時，你戴上蛙鏡和呼吸管，潛入水面下，觀察游來游去的魚兒、五彩的珊瑚，和其他的深海生物。

愉快的一天很快就結束了。你在海邊聽著浪潮拍打岸邊的聲音，慢慢地沉入夢鄉。

對孩子說故事時，親子共享片刻的寧靜，放鬆身心。

創意激發活動

只要睜大雙眼、用心觀看,就會發現大自然裡滿是各種令人眼花撩亂的形狀和色彩。大自然是一座豐富無盡的寶庫,你可以和小朋友從中採集原料,創造暫時的藝術作品。帶著孩子在林間散步,在熟悉的小徑上尋找靈感與素材:小石頭、落葉、樹皮、貝殼、苔蘚、樹枝、落花……等等。只要發揮一點想像力,把不同東西排列、組合、並列,你和孩子就可以在地上完成一幅立體的地景藝術畫,創造出親子的「一日作品」。

✂ 大地尋寶

把日常散步變成一場大地尋寶遊戲,完成一份地景藝術作品。你可以和孩子一起出門採集各種大自然的寶物,收集地景藝術品的素材。年紀小的幼童很喜歡在口袋或籃子裡裝滿東西,而大孩子偏好細心地挑選,尋找特定形狀或顏色的物品。

即使你住在城市裡,也可以和孩子一起做地景藝術喔!不過,千萬別去市政廳的花園摘花!你可以去家裡附近的公園,發掘之前沒注意到的綠地。

你只要在森林的一個角落、馬路旁的小花園,或利用家裡的一層空書櫃,完全不需要佔用桌子的空間,孩子就可以利用收集的東西,排列、堆疊,創造立體的藝術品。

年紀小的幼童不太懂得如何即興創作,你可以給他們一個明確的主題,如:排一個小人、堆一間房子、排一個心形,並把許多裝飾品放在心形裡。

讓年紀大的孩子自行創作,或者給他們一個挑戰的主題:一幅立體風景畫、曼陀羅、或一束花束,但完全不可用到花朵!

♡ 每個季節的寶藏

春天時,在地上可以找到許多鳥兒飛過空中而落下的羽毛。

在夏天,樹上都開滿了花、長滿了果實。或者,去沙灘上收集貝殼,用各種大大小小的貝殼來作畫。

一到秋天,各種樹葉都開始變色,還有許多的青苔、枯枝,也可以找到空空的蝸牛殼喔!

冬天來了,雖然景色變得蕭索,你還是可以找到一些小石頭、小樹幹和一些松果。

我愛那頭溫柔的驢子

這是法蘭西斯‧耶麥（Francis Jammes）寫的一首詩，非常可愛。唸這首詩給孩子聽，並解釋詩句的意思。接著，請孩子按照詩的內容，在下面的畫框裡畫一幅畫。

我愛那頭如此溫柔的驢子
牠沿著冬青樹漫步。
牠提防著蜜蜂，
揮動牠的耳朵：（……）
牠輕巧地踏著小碎步
走近那溝渠。（……）
牠老是沉思，
牠的雙眼就像天鵝絨一樣柔軟。（……）
但牠住在牛棚裡，
又疲倦又辛苦。

牠那可憐的小腳
已經累壞了。
牠辛勤地工作，
朝朝暮暮。（……）
牠努力地工作，
你們看了不禁憐惜牠。（……）
牠是一頭如此溫柔的驢子，
沿著冬青樹走過。

蒙特梭利工作坊

和蒙特梭利的其他五感練習一樣，本單元將讓小朋友幫類似的氣味配對。

瑪麗亞·蒙特梭利女士說：「五感是『攫取』外在世界各種資訊的器官，有了五感我們才能獲取知識。」

氣味遊戲

準備工作

材料：

- 八個不透明的小圓罐（在透明罐子外面可以包上一層紙）
- 八張紅色和藍色的小膠紙
- 香料、香草、調味料

❶ 把罐子分成兩組，每組四個，一組貼上藍色標籤，一組貼上紅色標籤。

❷ 在四個罐子中，分別倒入不同的東西，比如咖啡粉、百里香、薄荷葉和香草莢。把同樣的物品也裝進另一組的罐子裡。

❸ 跟孩子說，你要示範一件事。你和孩子一起坐在桌子前。如果你習慣用右手，就請孩子坐在你的左邊。若你是左撇子，請孩子坐在你的右側。

❹ 拿起一個罐子，聞聞裡面的氣味。接著把罐子遞給孩子，請他和你一樣，用力聞聞看。

❺ 拿起第二個罐子，聞一聞。再交給孩子，請他也聞一聞。

❻ 問問孩子，這兩種氣味是否一樣。他應該會回答：「不一樣。」

❼ 請他在另一組的四個罐子中，找出聞起來味道一樣的罐子；接著把它們成雙成對地排在左邊。

❽ 請孩子繼續找出相同的氣味，並把它們排在一起。

❾ 你和孩子可以試著閉上眼睛去聞，或者一起蒙上雙眼來玩。

小重點

有時候，孩子會習慣性地想要用視覺來確認、增加信心，因此他們會睜開眼睛，就算你請他們閉上雙眼，他們還是會忍不住偷看一下。你不用指正他們，也不用擔心，就讓他們這麼做。當孩子建立自信心後，他就能夠閉著眼睛做了（但他也可能會堅持睜開眼睛！）

瑜伽——冥想時間

🍃 來自大自然的呼吸法

蛇形

❶ 雙腳併攏、跪在地上,接著屁股坐至腳跟上。

❷ 雙手往頭的上方伸直,雙掌合在一起。

❸ 上半身向前彎下,彎得越低越好。雙手在頭部兩側向前方伸直。

❹ 你現在變成了蛇,像蛇一樣發出嘶嘶聲。把舌頭抵在顎骨間,慢慢地抬起頭,同時緩緩地用口吸氣、不要中斷,讓空氣穿過舌頭與唇齒間。

❺ 直立起上半身、雙臂高舉時,一邊持續地吐氣、發出嘶嘶聲,再一邊緩緩地把身體往下彎。你是一條蛇,為了警告敵人、保護自己而發出聲音。

❻ 在平靜的氛圍中,重複數次。

請溫柔地示範給孩子看,仔細地解釋不同動作的象徵意思給他聽,再讓孩子跟著做。

創意激發活動

尼可拉斯・德・尚福爾（Nicolas de Chamfort）曾經寫過：「沒有笑容的日子，就是浪費掉的光陰。」當你悶悶不樂、意志消沉、小小不快或沮喪時，歡笑就是最棒的解藥。笑容釋放壓力，讓我們找回內心的平靜。因此，我們要懂得笑的祕訣，每天保持笑容，也逗孩子笑。教孩子本單元的比手畫腳遊戲，玩的時候，模仿的人不能發出聲音。一旦有人忍不住笑出來，大家就會自然而然地笑成一團。誰都擋不住歡笑的感染力！

✂️ 比手畫腳

最簡單的方式，就是每個人各自選擇一個題目，利用肢體語言、活用道具來扮演謎題，讓別人來猜答。雖然遊戲很容易，但有時大家會突然想不出好點子。你可以事先準備好遊戲的題目，讓遊戲進行得更順暢；當然也可以隨時改變主題。

這個遊戲的風險是，第一個字謎很容易就主導了遊戲的題目走向，因此事先準備好謎題比較好。

❶ 在玩遊戲之前，先在紙條上寫下比手畫腳的字詞。

❷ 每個孩子輪流抽籤、比手畫腳讓大家來猜答。如果小朋友還不識字，可以用畫圖或列印圖片的方式，讓他們了解題目是什麼。

如果和年紀小的幼童玩，可以玩職人大猜謎，如麵包師父、消防員、美髮師；也可以玩運動猜謎，如足球、跳舞、網球；或者猜日常生活的動作，如刷牙、看書、騎單車。

把動物留給年紀大一點的孩子模仿，因為幼童會忍不住發出動物的叫聲，這樣就不好玩了！選擇動物時，除了常見的動物外，也可以選擇比較少見、來自異國或比較難模仿的動物喔！

和大孩子玩的時候，請他們模仿名人，或不會動的物品，模仿物品的難度很高呢！

💛 猜猜我在扮誰？

可以用家人的照片取代字謎，讓孩子扮成照片中的人，由大家來猜他扮演的是家族裡的哪一號人物。這個遊戲不但好玩，還能發現孩子眼中觀察到家人的哪些特點。別忘了，把家裡寵物的照片也加進去，讓家裡的狗狗或金魚也一起參一腳！

蒙特梭利工作坊

瑪麗亞‧蒙特梭利女士說：「人至少能分辨四種最簡單的滋味，而認識味道最好的地方，就是餐廳。」

嚐一嚐味道

準備工作

材料：

- 一個托盤
- 八個瓶子
- 十張紅色和藍色的標籤
- 兩個杯子
- 一壺水
- 糖
- 鹽
- 葡萄柚籽萃取物
- 白醋

❶ 在托盤上，把八個瓶子分成兩組，一組貼上紅色標籤、一組貼上藍色標籤。

❷ 在兩組、四對瓶子中分別放入四種不同味道。一組是鹹味（水＋鹽），一組是甜味（水＋糖），一組是苦味（水＋葡萄柚籽粹取物），一組是酸味（水＋白醋）。

❸ 你和孩子坐在桌前，放上托盤，告訴孩子，你們要一起玩一個遊戲。

❹ 拿出兩個杯子，並在裡面倒入清水。接著拿出一組瓶子；比如，拿起藍組的四個瓶子。

❺ 打開一個瓶子，在手上倒一滴瓶中的液體，嚐嚐看。

❻ 接著倒一滴在孩子的手上，請他嚐嚐看。

❼ 你和孩子都喝一大口水，洗掉舌頭上的味道。

❽ 拿起另一個瓶子，你先嚐嚐裡面的液體，請孩子也嚐嚐看，接著問他，它跟前一個瓶子裡的味道一樣嗎。他應該會說：「不一樣。」

❾ 請孩子從紅組的瓶子中，找出一樣的味道。

❿ 一開始，不用教孩子怎麼形容味道的詞彙。等到他們完成分辨味道、紅藍配對的遊戲後，再告訴他們，每個味道的名稱。

瑜伽

幻椅式（Utkatasana）

❶ 一開始，身體站直，背部挺直，雙腳併攏，雙臂平行往前伸，並吸氣。

❷ 一邊吐氣、一邊彎曲膝蓋，就好像你坐在一張椅子上一樣。保持這個姿勢幾秒鐘。

❸ 站直身體，再次吸氣。

❹ 重複三次。

益處

幻椅式讓下背部變得強壯，也會強健大小腿。

❶

❷

❸

❹

🗨 舒緩身心的說故事時間

乘船

孩子，好好地躺下來，放輕鬆。放假了，你到海邊遊玩。你在海港城市裡漫步，看到各種不同年代的船，從看起來不堪一擊的小舟，到近代那些揚著大帆的輪船。你認識了各種船帆、纜繩，也學到怎麼用木板組裝成一艘漁船。

你決定去拜訪河岸對面的城市，於是搭上一艘船。很幸運地，船長帶你參觀船長室。他摘下船長帽，借你戴；還讓你把手放在舵上，體驗掌舵的感覺。你拜訪過城市之後，掉轉船頭，把船航向大海。

船長重新掌舵，升起船帆，航向一座小島。船行的速度越來越快，終於在汪洋無際的大海中間停了下來。

你瞭望向海面。突然之間，一群魚兒飛向空中，海豚從海面下跳了出來，玩得很開心。海豚真美呀！船終於抵達孤島，島上什麼也沒有，只有一座燈塔。船停靠在岸邊。你往燈塔上爬，燈塔指引著船隻島的位置，讓船員知道他們離海岸越來越近了。爬到燈塔頂端後，你望向無邊無際的大海，看著這麼壯觀的景色，你默默下定決心，未來一定要當船長，駛著大船前往遙遠的國度。

對孩子說故事時，親子共享片刻的寧靜，放鬆身心。

創意激發活動

有些畫作展露了令人佩服的高超技巧，有些畫作讓我們驚奇連連，帶給觀眾無限的想像空間。藝術家運用獨特的材料或結合不同素材，呈現令人意外的特別效果。對小朋友來說，本單元不需要耗費太多的專注力，還能夠撫慰心靈。如果孩子在白天已經完成不少複雜的任務，特別適合用本單元來抒壓，隨興發揮。當他完成畫作後，請他發揮想像力，看看眼前的畫面蘊藏了什麼意義。

✂ 即興作畫

即興作畫包含了數種不同技巧，不過它們都有一個共同點：使用稀釋、容易流動的顏料。

♡ 小祕訣

另外一個技巧是，運用線來作畫。拿一條線，沾滿顏料後放在紙上，把紙對折，拉著線往各種方向移動。記得，不同的顏色要用不同的線，才能呈現多變的效果。你也可以改變線的粗細唷。

❶ 拿一支畫筆，也可以請小朋友直接用手指，沾取顏料後，在紙的半邊隨意地點上色彩。

❷ 點可以或大或小，不用強求一致性。孩子也可以隨興改變每次沾取的顏料份量。某個點的顏料越多，就越容易流淌、擴散。

❸ 最後，請孩子把畫紙對折，並壓緊。讓我們未來的藝術大師自行決定要用同樣的力量去壓平，還是要在某些部分用手指壓得緊一些、哪些部分用的力小一點。他也可以移動紙張，讓顏料往某一個方向流動。不管怎麼做，都能創造出令人驚奇的效果。

若家裡有好幾個孩子，完成畫作後，請每個孩子發表意見，看看他們從同一張畫中看到什麼不同的圖案。你能藉此了解孩子們的想像世界。

現在是什麼天氣？

和孩子一起觀察外面的天氣，請他在這片「天氣曼陀羅」上，找出現在的天氣，並著上顏色。

你可以引導**幼童**挑選適合的顏色：太陽塗上黃色和橘色，雨滴塗上皇室藍，雪花塗上淺藍色，烏雲塗上灰色，用黑色的虛線畫出一陣一陣的風。

把今天的天氣狀況著上色後，再請**大孩子**幫整個曼陀羅都上色。

蒙特梭利工作坊

在視覺、觸覺、味覺之後,現在來探索聽覺吧!本單元幫助小朋友發展聽覺,分辨聲音大小。

探索聽力

準備工作

材料:
- 十二個小圓瓶(可用優酪乳的空瓶)
- 兩個盒子
- 兩種不同顏色的標籤
- 鵝卵石數個
- 米、麵條、沙、北非小米、扁豆……等等。

❶ 把十二個瓶子分成兩組,各貼上不同顏色的標籤。將相同色標的六個瓶子放進同一個盒子中。

❷ 接著把這十二個瓶子分成六對,每對倒入同樣的物品,如:米、沙、扁豆等,讓每對瓶子發出同樣大小的聲音。

❸ 在開始活動前,先確認哪組瓶子發出的聲音特別大聲、哪組瓶子的聲音特別小聲。

❹ 和孩子一起坐在桌前,把各裝了六個瓶子的兩個盒子放在桌子上,打開其中一個盒蓋,拿出聲音最大的瓶子。

❺ 在耳邊晃動瓶子,聽著裡面的聲音;接著請孩子也跟著做。

❻ 拿出聲音比較小的瓶子,在耳邊晃動一下,再換另一邊的耳朵聽聽看。請孩子依照你的示範一起做。

❼ 問孩子:「這和第一個瓶子發出的聲音一樣嗎?」

❽ 一一拿出每個瓶子,仔細聆聽。

❾ 把另一個盒子裡面的瓶子拿出來,仔細聆聽,再把兩組瓶子一一配對。

❿ 配對完成後,再把所有的瓶子都聽一遍,聽聽看有沒有搞錯。接著請孩子也聽一遍並確認。

⓫ 確認完畢後,請孩子將每組瓶子依聲音由大而小做排列,再由小而大做排列。

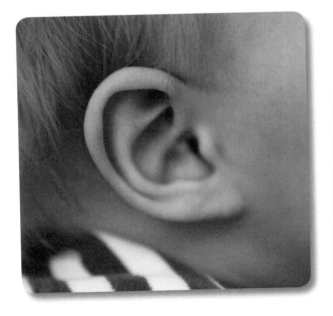

♥ 善用距離

你可以把一個盒子放在一張桌上,另一個盒子放在另一張桌上,增加兩組瓶子間的距離。小朋友先聽桌上的一個瓶子的聲音,再去另一張桌子找出同樣音量的瓶子,這樣可以避免混淆。排列音量大小時也可以這麼做。

瑜伽—冥想時間

🍃 來自大自然的呼吸法

蝴蝶與甘露

❶ 你將要變成一隻蝴蝶，把口中的花蜜吐向另一朵花。
請坐在地上，背部挺直，雙腿往前伸直。

❷ 把雙腳彎向自己，就像蝴蝶靠近花朵。將腳掌靠在一
起，雙手放在雙腳的腳趾上。

❸ 你變成了一隻蝴蝶。將上半身向下彎，盡量讓額頭碰
到腳。如果彎不下去，也沒關係，不用太勉強自己。

❹ 一邊悠悠吸氣，一邊緩緩地把頭抬起來。

❺ 當背部挺直時，用口緩緩吐氣。你把花蜜吐向花朵。

❻ 在平靜的氛圍中，重複數次。

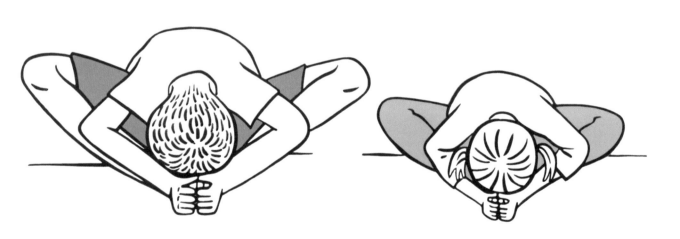

孩子一起做時，請溫柔地示範，仔細地解釋不同動作的象徵意思，再讓孩
子跟著做。

創意激發活動

日本人透過禪意花園來放鬆身心、冥想靜坐。沙地上耙出的波浪與曲線，有助於舒緩心靈。若你在孩子面前擺放白紙、彩色鉛筆，再播放柔和的音樂，會不會也有一樣的效果呢？請孩子閉上雙眼，緩緩地深呼吸，在紙上隨意地畫畫。請孩子全身放鬆，任由畫筆隨意在紙上遊走，不要給他任何的壓力，也不要讓他感到緊張。當畫紙畫滿了，就停止音樂，請孩子睜開雙眼，和他一起發掘抽象塗鴉裡隱藏的有趣畫面。

✂ 創意塗鴉

本單元讓孩子閉上雙眼塗鴉。若周圍的環境十分祥和，孩子能透過這個小練習來放鬆心情。

如果你的孩子容易緊張，不妨多用幾張紙，讓他重複塗鴉，幾次之後，他慢慢就會平靜下來，享受閉眼揮灑的樂趣。

塗鴉結束後，不妨好好利用此時詳和放鬆的氣氛。你可以趁此機會，請孩子畫畫曼陀羅著色本。

♡ 弄髒了！

讓孩子盡情地閉眼塗鴉之前，要先保護好桌子。你可以鋪上桌布，免得孩子一不小心讓畫筆滑出畫紙，弄髒了桌面。

若家有幼童，完成閉眼塗鴉後，請他把數條線交錯形成的區塊，塗上各種色彩。請他不時變換顏色，比如，相鄰的區塊不要塗一樣的顏色。除了單純的著色之外，你也可以請他用一個形狀填滿某一區塊，比如在一個區塊畫滿心形、圓點、十字、星形、平行線……等等。年紀越大的孩子，能畫出越複雜的形狀。

若家中的小朋友年紀比較大，請他運用想像力，在塗鴉的線條中找出熟悉的輪廓，畫出簡單的圖案，如：眼睛、嘴巴、車輪、葉子、魚鱗……等等。

蒙特梭利工作坊

觀察昆蟲帶給小朋友很多驚喜和樂趣。從觀察中了解昆蟲的生活方式、吃的東西、住的地方、繁殖方法，不但增廣孩子的見識，也讓他們學會尊重昆蟲。觀察昆蟲可讓小朋友認識大自然，增加對生活環境的常識。

瑪麗亞·蒙特梭利女士說：「教育必須反應人，行走的人就像一位探險家。所有的孩子都該像探險家一樣行走，讓吸引他們的事物當他們的嚮導，教育就在此時發揮作用，適時幫孩子認識樹葉的色彩與形狀，飛蟲鳥獸的生活方式。」

寵物昆蟲

你可以創造紅蝽的棲息地喔！紅蝽的蹤跡遍及城市與鄉村。牠們是歐洲昆蟲家族裡的一支，是群聚生活的昆蟲。很簡單就能觀察牠們的生命周期、讓牠們繁殖。牠們的法文學名叫pyrrhocore。

搭建昆蟲園

材料：
- 一個長寬各三十公分以上的盒子
- 一些植物與枯枝
- 小石頭
- 一點水
- 幾隻紅蝽

❶ 別忘了把盒子加上蓋子，並在盒子上方戳幾個呼吸孔。或者，你也可以用非常密實且堅固的網當作蓋子，避免紅蝽跑出盒子，在家中四處亂竄。

❷ 在盒子裡倒入土壤，加上植物、枯枝和石子，讓紅蝽有地方藏身。

❸ 倒一點水。

❹ 紅蝽什麼都吃，不過牠們最愛菩提樹的種子！你也可以餵牠們死掉的蒼蠅、新鮮的水果蔬菜和堅果。

❺ 紅蝽很好照顧，不需要花費太多心思。不過，冬天時，牠們大多時間都在休息。紅蝽的繁殖過程很容易觀察，牠們會黏在一起數小時、甚至好幾天。

❻ 開始觀察後，你可以到圖書館借閱昆蟲的相關書籍，進一步了解這些小生物。

♥ 想要更進一步的話……

你也可以抓在生菜上發現的毛毛蟲，建立一座毛毛蟲園。毛毛蟲變成蝴蝶的過程更是精采，讓人難忘！

 瑜伽

 貓式與牛式（Marjaryasana）

貓式

❶ 跪在地上，雙手撐在地上。

❷ 一邊呼氣一邊將背部往上弓起，頭部往下，眼睛望向肚臍。

牛式

❸ 回到貓式的起始位置。

❹ 將背部往下壓，伸展腹部，頭部抬起，眼睛往上看。

❺ 交替做這兩個動作三回合。

益處

這兩個姿勢能釋放背部和頸部的壓力。同時，它們對頸背、雙臂、肩膀、消化系統和雙眼都有很大的益處。

舒緩身心的說故事時間

下雨了

　　孩子，好好地躺下來，放輕鬆。想像你在自己的臥房裡，打開窗戶，閉上眼睛，用心聆聽。你聽到了嗎？外面傳來下雨聲，雨珠落在花園裡的樹葉上、屋頂上、車子上，發出響聲。你聞到了嗎？淋溼的草地和土壤飄散出特別的芬芳？你聽到遠處傳來低沉的雷聲，同時看到閃電突然撕裂天空。快呀，你飛快地跑下樓，想要在下雨的花園裡玩耍。

　　你匆匆忙忙地套上雨鞋、穿上雨衣，你準備好了，然後跑出門。你站在天空下，併起雙腳，蹦蹦跳跳地下了階梯，來到花園。雨珠不斷地落下，而且雨下得更大、更密。你盡情嬉戲，大步一跳，躍進一個大水坑裡。你看到有個綠色的東西停在水坑旁，那是一隻青蛙。牠呱、呱、呱地叫著，接著牠往前跳了兩下，就不見了！你在花園裡尋找青蛙的蹤跡，追著青蛙跑時，你看到一隻蝸牛縮進牠的殼裡，躲避大雨。

　　花園裡到處都是水，你想到了一個好點子。你跑進屋裡，拿出雨傘和一張紙；然後把紙折成一艘小船，再把船放進流動的雨水裡。船起航啦！你瞧著小船順著水流的速度，往下流動，越來越快，直到陷入小漩渦裡，最後被捲進水中。沒關係，你可以再折一艘小船。現在，你想在雨中唱歌和跳舞。

　　過了一會兒，你感覺到雨水滲流進雨衣裡，身體有點淋溼了。但溼了就溼了！你乾脆脫去雨衣、拋下雨傘，在雨中放聲唱著歌，踏著歡快的舞步。被雨水淋溼的感覺真是太好玩了！

對孩子說故事時，親子共享片刻的寧靜，放鬆身心。

創意激發活動

乍聽「揉捏療法（Malaxothérapie）」，你可能不解其意，其實是指在手中放置一個物品，搓揉按摩，來達到治療的功效。「揉捏療法」是針對哪一種疑難雜症呢？顯而易見，揉捏療法是壓力的剋星。在手掌中搓揉東西，不但是一種消遣，還能緩和心跳，趕走心裡的雜亂思緒。按摩不但對大人有益，也能為小朋友帶來同樣的好處喔！如果讓小朋友親手做減壓球，他一定會愛不釋手，讓功效加倍！

✂ 減壓球

材料：

- 一把剪刀
- 兩顆顏色不同的氣球（顏色不同的氣球會比較好看！）
- 米、北非小米或麵粉
- 一張紙

❶ 把紙捲成圓錐型，固定好後，把汽球套到圓錐的尖端。

❷ 將紙圓錐當作漏斗，請小朋友往尖端倒入米粒，直到米粒填滿氣球。

❸ 氣球口打上緊實的結。現在，你有了一顆圓球。將氣球結上多餘的部分剪掉，確保米粒球是好看的圓球狀，結點沒有凸起。

❹ 把第二個氣球的開口剪開，就成了一個袋子。再把它套在裝滿米的氣球上，記得要遮住剛剛打結的地方。這樣就完成一個好用的減壓球了！

如果你和孩子喜歡創作，不妨多剪幾個不同顏色的氣球，也可以剪有趣的條紋、圖案，套在減壓球上，讓它穿上多彩的衣服。你也可以建議孩子用麥克筆在氣球上畫笑臉或動物圖案。

♥ 多功能的減壓球

你的孩子是不是做了好幾個減壓球？不妨把它們拿來拋拋看，大人和小孩一起練習拋接球的特技，也很好玩喔！

掌中世界

不管孩子年齡大小，都可以請他們幫頁面上這隻手著色，接著請孩子把他自己
的手放在本頁空白處，先用筆描繪出輪廓，再畫上裝飾圖案。

請年紀大一點的兒童描出自己的手後，畫上跟左邊的手一樣的圖案。

請大孩子在描出自己的手後，畫上曲線和藤蔓花紋，就像有些國家的女性在手上畫印
度漢娜彩繪（Henné）一樣。

蒙特梭利工作坊

身為成人的我們，有責任讓小朋友了解尊重大自然的重要，讓他們具備動植物相關的知識，保護生態環境，體認維持生態平衡上，人類所肩負的責任。本單元列出幾個保護大自然的活動。

瑪麗亞‧蒙特梭利女士說：「在我們的文明社會裡，孩子離大自然很遙遠，他們很少有親近自然、和自然親身接觸的機會。」

✋ 保護大自然

清潔環境

小朋友一定看過散布在城市和鄉間地上的垃圾。花一些時間，和小朋友討論污染造成的問題，詢問孩子的看法，聊聊有哪些解決辦法。鼓勵孩子提問並發表意見，創造讓孩子放心說話的環境，不要阻止他們，並適時地告訴他們，怎麼做才能清理自然環境。問問孩子願不願意花一個小時，一邊散步一邊清理路邊的垃圾。別忘了，一定要準備園藝用的手套和垃圾袋喔！

分類我們的垃圾

如果你還沒開始分類垃圾，不如現在和孩子一起動手！孩子們最喜歡分類遊戲了。要保護地球，我們就該好好分類垃圾。在分類的過程中，小朋友也能學會垃圾的種類、懂得分辨垃圾，增加對分門別類的興趣，並成為保護環境的小尖兵，用行動愛惜珍貴的地球。

減少我們製造的垃圾

找出減少垃圾的方法，改變消費模式。你可以透過下列的小動作來降低垃圾量：用廢紙來畫畫或剪紙、把廢棄物改造成新東西、回收紙類，提供再生紙漿的原料。當你去購物時，選擇包裝材積比較少、且分量多的物品；也可以購買自製肥料機或蚯蚓堆肥機，小朋友一定會覺得很有趣！大家一起發揮想像力，找出更多減少垃圾的方法。

瑜伽——冥想時間

怎麼結手印？簡單來說，瑜伽手印結合了手指與手掌的動作，不管你身處何地，隨時都可以伸手做做看。不過，要達到最佳效果，最好保持坐姿，或從下面三種瑜伽坐姿中選擇其中一種：簡易坐姿（sukhasana，雙腿交叉盤腿），金剛坐（vajrasana，跪坐，臀部坐在腳跟上），蓮花坐（padmasana，分為蓮花坐與半蓮花坐）。坐的時間，依小朋友的年齡大小來決定。若年紀較大的孩子，試著以十分鐘到半小時之間為一回合。如果孩子的年紀較小，至少做十次鼻子的深呼吸。記得，結手印時，要保持放鬆。手指只要輕微施力，不要太用力。你們可以閉上雙眼，也可以直視前方。當你定期結手印，會慢慢發現身體變健康了。有時，手印的效果快速顯著，有時則要過一段時間才會體會到。

🍃 冥想姿勢——簡易坐姿或蓮花坐

梵文Padmasana，是指蓮花般的坐姿。

❶ 坐在地上，雙腿伸直。

❷ 右腿向內彎起，放至左大腿上，並讓腳跟盡量靠近身體。

❸ 將左腿像右腿向內盤起，把左腳放在右大腿上。

❹ 如果無法將兩隻腳都置於大腿上，可以把一隻腳放在大腿下方，這就是半蓮花坐。

梵文Sukhasana，是指喜悅的坐姿。

❶ 只要雙腿交叉盤起，兩腳置於雙腿下即可。

小建議：和孩子一起做本書中的手印練習時，可以播放柔和的音樂。此時非常適合冥想。把注意力集中在呼吸上。

創意激發活動

眾所皆知，音樂有潛移默化、讓人平心靜氣的作用。你可以和小朋友一起舒服地坐下來，聆聽一段古典樂。音樂的魅力不言而喻，就算對音樂沒興趣的人，也能體會古典樂的美妙。你可以選擇耳熟能詳的作品，讓孩子更容易入門。如果家裡沒有古典樂的唱片或CD，那就播放古典樂電台吧！和孩子一起閉上眼睛，享受音樂的魔力吧！

聆賞古典樂

每次聆聽，你一定會有新發現！

古典樂使用了數量與種類繁多的樂器，讓音樂變得更豐富迷人。

- 建議選擇有故事性的音樂，你和孩子可以從音樂中，找出情節演進、情緒變化與故事角色。比如，柴可夫斯基的〈胡桃鉗〉和卡米爾·聖桑的〈動物狂歡節〉都是很棒的入門曲目。

若家有幼童，一開始先請他找出有哪些樂器。有兩個非常適合幼童的曲目：讓·布魯索爾（Jean Broussole）和安德烈·波普（André·Popp）的〈短笛、薩克斯風和朋友們（Piccolo, Saxo et Compagnie）〉及普羅高菲夫（Proko fiev）的〈彼得與狼〉。孩子一定會迷上裡面的故事情節，在音樂中找出不同樂器代表的人物與性格。

若家有大孩子，請孩子聆聽不同曲目、找出相同的樂器。你可以選擇比較短的曲目或播放片段，讓孩子反覆聆聽、辨認樂器的特性。

- 若找得到交響樂團演奏某一支曲目的影片，可以先和孩子用耳朵聆聽之後，再一起欣賞影片。你們會看到每樣樂器發出怎樣的聲音，同時發現自己沒聽出來的其他樂器。

和孩子一起欣賞迪士尼的〈幻想曲〉，其中節錄了八段著名的古典樂。你和孩子不但可以一起欣賞音樂，還能享受繽紛有趣的動畫。

蒙特梭利工作坊

蒙特梭利教育法引領小朋友從認識實際物品開始，再慢慢認識抽象的概念。小朋友需要透過觸覺、視覺、嗅覺等五感，來認識真實世界，把身體接收到的資訊，和接下來與大人一起做的活動、探索連接起來，建立世界觀、了解周圍環境的意義。給孩子發掘、了解、觀察大自然的機會，才能培養出對自然心生敬意的孩子。

班傑明・富蘭克林說：「世上任何一本書、任何一段文字敘述或影片，都無法取代親眼見到森林裡的樹木，看到它們身上蘊藏著來自周圍環境的豐富生命力。」

✋ 種子觀察記

❶ 孩子就像科學家，觀察、體驗、犯錯、找尋其他辦法，最終找出成功之道……對孩子來說，沒有什麼比觀察生命周期更有趣了。

❷ 拿一顆豆子，和孩子一起觀察它的顏色，數數它身上有幾個部位。你們也可以把豆子剖半，看看豆子裡面是什麼樣子。請孩子畫出你們觀察到的一切細節。

❸ 栽種另一顆豆子，看看豆子的變化。

❹ 和孩子一起畫下你們觀察到的生長階段：豆子，發芽，慢慢長大的過程，發育完全的植物，和植物死亡的樣子。

❺ 豆子的生命周期約長達一年。小朋友可以採收到幾顆豆子，再把它們種下去。

❻ 如果同時在好幾個盆子裡都種下數顆豆子，還可以和孩子一起做下面的幾種實驗，看看會有什麼結果：

．定期澆水
．不澆水
．把盆栽放在有日照的地方
．把盆栽放在沒有日照的地方
．種子不要種在土裡，種在溼棉花上

❼ 準備一本筆記本，把你們所觀察到的一切，配合圖畫，一一紀錄下來。請孩子從觀察中，找出影響豆子成長的要素。不用跟他們解說，鼓勵孩子在觀察中找出答案，給孩子充分的機會，盡情親身體驗和觀察。

瑜伽

 狗式（Adhomukhasvanasana）

❶身體四肢著地，膝蓋跪著，雙手撐在地上。

❷一邊吸氣，一邊用雙手支撐身體、抬起臀部。

❸伸直雙手、雙腿，弓起身體，手腳都保持直立、
　不要彎曲。

❹試著抬起一腳，懸空，在空中盡量抬高伸直。

❺換抬另一隻腳。重覆三回合。

益處

狗式能伸展肩膀、小腿肚、雙手，同
時強健手臂和雙腿的肌肉。透過雙腳
輪流抬起懸空，可訓練身體的平衡感。

**小祕訣：如果是小小孩，不妨讓他模仿狗吠的聲音，讓瑜伽練習變得更有
趣。**

💬 舒緩身心的說故事時間

雲 朵

孩子，好好地躺下來，放輕鬆。你曾經躺在海邊的沙灘上，也曾徜徉在公園裡的草地上，望著藍天白雲。你一定觀察過在天空飄浮的雲朵，從它們的模樣發現許多好玩的形狀。有些雲朵長得像動物，有些雲朵奇形怪狀，像虛構的人物。有時，看著雲朵，找出你認識的人物或動物，是很有趣的事。

當你望著雲，不禁想著，若是能靠近一點、看得仔細一點，該多好哇！你在心中思索，有什麼東西像雲朵一樣？可不可以摸到雲？雲朵嚐起來是什麼味道？我們可不可以踩著雲朵漫步？想著這些問題，你慢慢地閉上眼睛。你的身體變得輕飄飄地，漸漸飛了起來，慢慢地，你越升越高。幾秒鐘後，你終於碰到了雲朵。雲朵摸起來好柔軟呀，而且很涼爽。你可以把雲朵揉成球，但雲球不像雪球砸到身上會痛，雲球好柔軟啊！

你在雲朵間行走、奔跑，甚至跳來跳去。你在雲間飛進飛出，雲朵就像肥皂泡泡一樣。你也可以躺在雲上。你想著，雲朵嚐起來是什麼味道？你用手盛了一點兒雲，含進嘴裡。雲朵的味道清新，有點像雪，但比雪柔軟輕盈多了。雲朵和雪一樣，都是水變成的。

忽然之間，你坐著的這朵雲震動起來，還發出低沉的吼聲。它改變了形狀，而且變成灰色。旁邊有一朵看起來很嚇人的雲，往你坐的雲飄過來，兩朵雲撞在一起。你看到它們之間擦出一道閃光，還發出一陣轟隆隆的聲響。

回家的時候到了。雲朵變換著形狀，雨珠落了下來。你坐著的雲漸漸散開，而你從空中落下，正好降落在公園裡的草地上。

對孩子說故事時，親子共享片刻的寧靜，放鬆身心。

創意激發活動

書法是書寫的藝術。書法包含許多技巧,可以訓練兒童的專注力,也能幫助放鬆身心。當然,在學書法前,一定要先懂得怎麼寫字。只要發揮一點想像力,不識字的孩子也能試著寫書法,因此本單元沒有年齡限制。書法的祕訣是手部的施力,教孩子怎麼握筆,怎麼寫出曲線,他們漸漸地就學會寫字的技巧。不管孩子多大,都能學會怎麼握筆,並在本活動中,慢慢愛上寫字。

✄ 美麗的花體字

花體,強調文字的形狀與使用的墨水顏色,讓抽象的字母變得更美麗。你可以和孩子們一起挑選名言佳句來書寫,也可以讓大孩子練習寫詩句。你可以選擇粉彩筆、一般的畫筆,也可以使用沾取墨水的鵝毛筆來寫唷!如果幸運撿到漂亮的鳥羽毛,也可以拿來當筆呢!

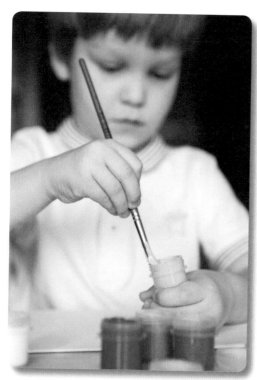

註:本活動以外文書寫為主,中文書法不含在內。中文學習可以上「教育部常用國字標準字體筆順學習網」。

♡ 中文字

網站http://www.chine-culture.com/chinois/prenom-chinois.php,這個網站可以幫你把外文名字翻譯成中文名。

若家有大孩子,讓他用華麗的字體抄寫一段古文,讓每個字母都非常優雅美麗。你可以先在網路上搜尋「哥德式字體字母表」,當作練習書法的參考範本。

歐洲的古書中,常會根據一段文字的內容,把開頭字母畫成相關圖畫。若家中兒童已經識字,但識字有限,請他們在抄寫一段話時,模仿古書的方式,為開頭字母加上裝飾的圖畫。

若家有幼童,你可以準備一個托盤,裡面鋪上一層厚厚的砂糖。請幼童用手指在砂糖上描繪字母的形狀。

你也可以幫小朋友製作簡易的魔法寫字板!拿一個廚房常見的冷凍夾鏈袋,把手指畫顏料倒進袋子裡。袋子密合夾鏈後,再用膠帶將袋口再密封一次,避免顏料外漏。把顏料袋平放在桌上,孩子就可以伸出手指,在袋子上畫來畫去,袋子裡的顏料會順著手指的痕跡呈現出字母的字樣,但一下子又消失了。這個魔法寫字板可以反覆使用無數次唷!

雪花片片

看著雪花一片片地落下來，會讓人覺得心情平靜。為下面的雪花著色，也能撫慰心靈唷！

不管小朋友的年紀大小，都請他們用冷色調系的藍色、灰色、紫色和綠色，來幫雪花上色。

若家有**幼童**，請他們上色即可。

請**大一點的兒童**為每朵雪花畫上兩種不同顏色。

請**大孩子**自行想像雪花的樣子，在空白處畫上自創的雪花圖案。

蒙特梭利工作坊

想要進一步了解生活周圍的環境，就要讓孩子親身體驗大自然。當小朋友認識大自然的運作方式後，就會自然而然地愛上大自然、尊重大自然。爸爸媽媽可以在家裡打造一塊小花園，讓孩子在閱讀書本、觀看圖片之餘，活用他的感官來實際體驗自然。讓孩子去摸、去聞、去聽、去嚐、去看，親身感受大自然的奧妙！

瑪麗亞・蒙特梭利女士說：「我們的當務之急是，釋放困在人造城市裡的孩子們，讓他們徜徉在自然的懷抱裡。」

✋ 室內花園

即使家裡沒有太多空間，也可以在屋內一角種幾盆盆栽，建造一片美好的綠意。種下種子、看著植物漸漸發芽、長大、結果，採收新鮮果實並享受天然滋味，是成長過程中的一份美好禮物！

打造室內花園的材料
- 陶盆
- 玻璃容器
- 水桶
- 碗
- 罐頭

❶ 建議栽種香草，或不太需費心照料的蔬果，如櫻桃蘿蔔、薄荷、櫻桃番茄……等等。

❷ 把所有的盆栽放在一個小木箱裡，安置在日光照得到的角落。

❸ 若家中沒有適合小朋友使用的園藝工具，可讓他用湯匙當作鏟子、叉子當作耙子。

❹ 過程中，你只需要陪在孩子身邊，讓孩子從頭到尾自行栽種。你可以教他怎麼把土倒進花盆裡、播種並定時澆水。

❺ 讓孩子伸手摸摸土壤。如果擔心孩子會把土撥撒得到處都是，你可以先在地上鋪一塊大桌巾或塑膠布。

❻ 讓孩子天天照顧盆栽，並觀察它們的成長周期。

❼ 在孩子觀察植物一陣子之後，就會慢慢了解植物生存的要素是：水與光線。此時也是增加孩子字彙的好時機。

瑜伽—冥想時間

智慧印（Adhi-mudrâ）

❶ 盤腿坐好。

❷ 手心朝上。

❸ 拇指指尖與食指指尖相觸。

❹ 另外三指伸直。

益處

智慧印可增進專注力、增長記憶力。當你定期結智慧印，它會緩解你的心情，穩定你的精神。

小知識

拇指指尖連接我們的大腦，特別是主導肢體功能、動作的腦垂體。

小建議：和孩子一起做本書中的手印練習時，可以播放柔和的音樂。此時非常適合冥想。把注意力集中在呼吸上。

創意激發活動

我們身邊有許多不起眼的小生物，但我們常忽略牠們的存在。不妨和孩子一起重新認識這些在空中飛翔、在地上或走或爬的小昆蟲。你和小朋友得發揮耐心、保持輕手輕腳，在平靜的氣氛中才能完成本活動。孩子能藉此更了解身邊的環境，迷上井然有序的迷你珍奇世界。同時，孩子也會懂得尊重大自然。當小朋友認識昆蟲後，就不會害怕牠們了！

✂ 迷你世界

根據不同季節，你可以在外出散步時、或在家中觀察昆蟲。

- 在室外，只要你放慢腳步，仔細看看地上，一定會發現各種昆蟲。夏天有瓢蟲、秋天有蚯蚓，還有各式各樣的螞蟻和蝴蝶在等著你。

- 室內不容易發現昆蟲的蹤跡，不過你不妨看看窗戶的角落或陽台，說不定就會遇見牠們！若家中有種植盆栽，在枝葉間找找看。若你幸運的話，也許可發現一兩隻蚊子、蒼蠅、小蜘蛛或蛾。當你發現昆蟲時，記得不要驚動牠們，小聲地請孩子靠過來，靜靜地觀察。依照孩子的年紀來問問題。這隻蟲的顏色是什麼？牠有多大？牠如何移動？牠在做什麼？猜一猜，牠靠吃什麼東西維生呢？

♥ 熬夜觀察

完全找不到任何昆蟲嗎？不妨等到夜幕低垂之後，打開窗戶。在手電筒前方蓋上一塊白布，再打開手電筒。光線會吸引昆蟲靠近，當牠們停在白布上，就可以盡情觀察了。小小觀察家一定會很開心。

- 大雨過後，趕緊套上雨鞋、衝到屋外瞧瞧蚯蚓！你也可以在長草間發現牠們緩緩移動的樣子。雨珠也會讓蜘蛛網清晰可見，瞧瞧蜘蛛網的圖案多麼美麗呀！

蒙特梭利工作坊

對大人和小孩來說，大自然都是探索新奇事物的寶地。當我們驚嘆自然界的神奇時，就會更了解地球的重要性，決心努力保護珍貴的資源。想要認識大自然嗎？睜開眼，用心觀察吧！

瑪麗亞·蒙特梭利女士說：「兒童天生就是大自然的觀察家。唯有順應孩子的本性，他們才能發揮潛能。」

觀察大自然

❶ 大自然無所不在，即使在城市裡，也能觀察大自然唷！最理想的方法，就是帶著孩子到森林、鄉下、公園、花園裡漫步。不過，即使是室內一角的盆栽，也可以幫助孩子認識自然界。試著找一個安靜的地方，鼓勵孩子運用五感來體會大自然。

❷ 散步時，花點時間，用心凝視、聆聽、嗅聞、觸摸一路上看到的所有動植物。

❸ 看看周圍準備抽長的新芽、藏在石頭下的昆蟲、在身後留下一灘黏液的蝸牛……

❹ 側耳傾聽，閉上雙眼或睜開雙眼，聽聽腳底踩過葉子聲音、鳥兒的歌聲、風拂過林間的沙沙聲、昆蟲發出的鳴叫……

❺ 用肺用力嗅聞周圍的花香、下雨過後土壤的溼氣、樹的芬芳……

❻ 別害怕手會弄髒，盡情地撫摸土壤、草地、苔蘚、樹皮，讓小蟲爬上你的手……

❼ 出門散步前，記得請孩子穿上耐髒的衣物唷！

❽ 記得帶一個籃子來裝東西、一個放大鏡以方便觀察、一本筆記本和幾支筆，隨手把觀察到的東西畫下來。

❾ 當孩子忙不迭地問著各種問題時，你也會增加許多新知。孩子一定會問花朵、樹、昆蟲的名稱，你們會一起認識不同花朵的香氣、橡實發芽的方式和植物的生長周期……

 瑜伽

眼鏡蛇式（Bhujangasana）

❶ 做眼鏡蛇式時，先趴在地上，雙手平放在身體兩側。

❷ 雙手放在雙肩旁，額頭靠在地板上。

❸ 吸氣，抬起上半身，眼睛望向上方。

❹ 呼氣，回到起始姿勢，額頭靠在地板上。

❺ 重覆三次。

小祕訣：如果家有幼童，可一邊做本姿勢、一邊模仿眼鏡蛇發出的嘶嘶聲。

 益處
眼鏡蛇式可以強健我們的脊椎和臀部，同時也讓胸部、肺部、肩膀和腹部更強壯有力。

 ❶

 ❷

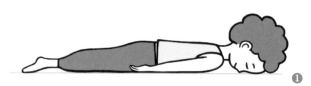 ❸

 ❹

 ❺

舒緩身心的說故事時間

旅行

孩子，好好地躺下來，放輕鬆。我們即將要踏上一段悠長的旅程，一起來趟環遊世界之旅吧！想像一下，如果在這一年中，你都不用去學校上課，是多麼酷啊！不過，你還是得把該寫的功課寫完才行。現在，先把功課拋到腦後，踏上這趟夢幻旅程吧！

你坐著車子抵達機場，立刻搭上第一班往美國的飛機。到了美國，你決定去爬山，並在一家依山傍湖的飯店休息。接著，你騎著單車到處閒逛，乘船欣賞湖景。後來你到了一個廣大的遊樂場盡情玩樂，開心極了！你再次前往機場，搭乘飛機，這次的目的地是南美洲，你想去看被白雪覆蓋的山脈。在那兒，你登上世界高峰的其中一座，並在山坡上滑雪。接著，你前往一座靠海的大城市，準備搭船。

你搭上一艘大輪船，前往太平洋上的一座小島。湛藍的大海包圍了小島，沙灘上的沙像白沙一樣純淨，一整排的椰子樹沿著海岸。你在沙灘上玩耍，撿拾著掉在地上的椰子，非常悠閒。然而，時間過得很快，你馬上又要啟程，前往下一個美麗的地方。

現在，你飛往一座火山島。飛機一降落，你立刻跳上一輛越野車，駛上一條蜿蜒且佈滿礫石的道路。到了一座小村莊後，你騎上驢子，讓牠載著你前往火山的峰頂。登上火山後，你自豪極了，沒想到自己能走過這段崎嶇的路途。火山中間的大洞冒出源源不絕的熱氣，就像一座大煙囪。此時，你該下山了，並前往另一個地方。

這一回，你到了非洲的大草原。飛機降落後，你搭上四輪傳動車，前往草原看動物。你開了很久的車，終於抵達自然保護區，動物們在這兒自由自在地生活。想像一下，透過車窗，你看到一大群的大象、犀牛、牛羚、長頸鹿、瞪羚、斑馬和其他各種動物。

你拍了好多動物的照片，但現在你得踏上回家的歸途了。你告訴自己，一定要再來一趟美好的環球之旅。

對孩子說故事時，親子共享片刻的寧靜，放鬆身心。

創意激發活動

桌遊雖然很好玩，但有時遇到不好的玩家，就會讓遊戲失去樂趣；可能導致孩子們爭執不休，有人發火、有人賭氣、有人沮喪，讓原本開心的遊戲時刻變成一場大戰。別擔心，解決方法很簡單，讓小朋友玩必須彼此合作的遊戲吧。規則很單純，每個人都要互相幫忙，不用分組較勁，大家的目標一致。如果有人失敗了，那所有人都輸了。如果有人贏了，大家都是贏家。孩子們不但不會覺得無聊，團隊合作還會讓大家相處得很愉快，多棒呀！

✂ 合作遊戲

如果你不想在商店裡購買遊戲，那就把現有的遊戲改變一下規則，讓大家一起合作。

❶ 比如，製作一個趕鵝遊戲，每個玩家都代表一隻鵝，大家一定要在農夫關上柵欄前，把所有的鵝趕到中央的鵝圈。

❷ 每個玩家選一個棋子當作鵝，放在起點。你可以用一枚籌碼代表農夫。

❸ 接著每個人輪流擲骰子。

❹ 當兩個骰子擲出同樣數字時，農夫才可以前進。兩個骰子的數字不同時，玩家的鵝就可以往前走。

❺ 例如，一個玩家擲出的骰子一個三點、一個二點，他的鵝可以往前走五步。或者，他也可以自己往前走三步，把兩步讓給另一位玩家，甚至可以把五點全部讓給一名或兩名玩家。

❻ 玩家一定要彼此合作，想盡辦法讓所有的鵝都能在農夫到達之前，先抵達鵝圈。

♥ 小重點

市面上有許多合作遊戲，而且會根據建議年齡調整難易度，像是HABA的果園遊戲系列，就非常簡單且廣受歡迎。

若家有**大孩子**，不妨玩玩Scrabble的拼字遊戲。大家一起絞盡腦汁，想想字母可以拼成什麼字，選出最好的答案。每一回的目標都是一起拿到比上一回更高的分數，而不是彼此競爭。

有時，只要用沙漏來計時，就可以讓遊戲變得更刺激。所有的玩家都得跟時間賽跑。玩點格棋遊戲時，玩家一定要在沙漏漏完之前，一起佔據格子，如果大家佔的格子比之前佔得多就贏了。也可以玩彈片遊戲，在沙漏漏完之前，一起用固定的把手，把彩色小圓片彈進中間的小罐子裡。

維他命曼陀羅

請小朋友幫這個新鮮充滿活力的曼陀羅上色。你和孩子可以一起選擇有生命力與維他命的代表顏色。

若家有**幼童**，不一定要把這個曼陀羅塗滿。你可以幫他選擇比較大片的柑橘區塊來上色，一些小區塊留白，並且保持畫面的和諧對稱。

和**大孩子**一起辨認不同的柑橘類水果，每一種都選擇一種代表色，這樣就能畫出鮮艷亮麗的曼陀羅。

蒙特梭利工作坊

對孩子來說，動物世界充滿各種驚奇，有太多新鮮事等著他們去發掘。讓小朋友從實際物品來了解世界，再慢慢認識抽象概念，是非常重要的學習過程。在給小朋友滿是圖片的動物圖鑑之前，先讓他們親眼看看活蹦亂跳的動物。

瑪麗・蒙特梭利女士說：「昆蟲的變態過程、母獸照顧初生的小動物，這些都需要耐心來觀察。」

認識動物

- 即使家中沒有養動物，也可以帶孩子到親戚家、朋友家、鄰居家認識他們所養的動物，一起接觸常見的寵物、農場的牲畜和附近的野生動物。

讓孩子先認識最常見的動物，如貓、狗、兔子、綿羊、山羊、牛、馬……等等。

- 現在的兒童不一定有機會看到活生生的動物，因為大部分的兒童都住在遠離鄉村的地方。因此，對他們來說，能夠親眼看到動物實在是一件很棒的事！讓孩子有機會觀察動物，如果可以的話，讓孩子摸摸動物，聞聞他們的氣息，聽聽他們的叫聲……

同時，你可以藉此機會增加孩子的詞彙庫，告訴孩子公、母與幼芻的不同。比如法文的公豬叫做verrat，母豬叫做truie，小豬叫做porcelet。（譯者註：中文的豬，還有豕、豸等同義詞。）

- 討論動物的生活環境，想想看，牠們吃那些東西，又是怎麼繁殖後代的。牠們活動範圍在地上、空中還是水中？牠們如何遷徙？牠們的叫聲？牠們有幾隻腳？這些問題都可以和小朋友一起找答案。

你可以根據孩子的興趣、對動物的喜好，帶孩子一起閱讀相關的書籍，進一步了解這些他親眼見過的動物。圖書館裡有各種適合孩子的動物讀本。

- 接下來，你可以為幼童製作動物卡，讓幼童在家裡玩分類配對遊戲。若孩子正在認字，你可以準備三組卡片，第一組印上動物的圖片，第二組印上動物的名字；第三組同時印上動物的圖片和名字，當做解答卡。讓小朋友把第一組和第二組卡片配對，並利用第三組卡片來確認自己的答案。

瑜伽——冥想時間

虛空印（Shunya-mudrâ）

❶ 盤腿而坐。

❷ 手心向上。

❸ 拇指指尖和中指指尖相觸。

❹ 另外三指伸直。

益處

我們在冥想時，虛空印可讓心情保持平靜，還能促進內耳的功能，釋放耳部的壓力。同時，虛空印也會減輕身體的疲勞，振奮精神。除此之外，還能增加耐性。

和孩子結手印時，請先溫柔地示範，再讓孩子跟著一起做。

創意激發活動

羅馬人的馬賽克藝術非常精緻，每一幅馬賽克鑲嵌畫都耗費了大量的人力和心力才能完成。其實利用簡單的材料，就能和孩子一起做馬賽克拼貼畫。透過拼貼，小朋友可以從中學會細心，也能培養敏銳的色彩辨別能力。較大的孩子可嘗試比較複雜的圖案，以做出精細作品為目標。不過，不管小朋友的年齡大小，都能完成漂亮的馬賽克畫。本活動分成兩部分來進行，先做好馬賽克用的小紙片，再把紙片黏在紙上拼成一幅畫。

✂ 紙上馬賽克

❶ 馬賽克的第一步就是做出各種小方塊。你可以撕下雜誌裡的彩色照片或圖畫，再讓孩子剪成一片片的小方塊。

❷ 幫助孩子把小紙片按照顏色分類。

若家有幼童，你可以拿一張有大塊空白的著色圖當底圖，或在紙上畫一尾魚、一朵大花、一棟房子……等圖案，讓小朋友用小紙片填滿圖案。

❸ 把一塊塊的小紙片黏在紙上，按照自己想要的顏色、圖案來排列紙片。貼的時候，盡量讓紙片緊緊密合。

若家有大孩子，讓他們依照畫面需求，自行修剪紙片的形狀，完成精細的圖案。你可以和孩子一起選擇比較複雜的主題，或者請他先畫一張底圖。

馬賽克之美，在於每一個方塊的細微顏色變化。你可以先示範給孩子看。拼貼時，不要把完全相同的顏色拼在一起，確保每一張紙片和旁邊的紙片都有一點色調上的差異，就能製造出非常特別的視覺效果。同時，你也可以把紙片交錯排列，就不會死板地呈現一條條的直線。

♥ 放上桌吧！

如果小朋友的作品非常成功，不如把作品護貝起來，做成桌墊。對孩子來説，這是個令人心動的目標，他們會更用心創作。護貝也能避免小小紙片掉落得到處都是。

蒙特梭利工作坊

觀察自然能讓小朋友更了解周圍的世界，愛惜並尊重珍貴的大自然。同時，觀察自然也能培養孩子的好奇心，鼓勵他們對未知或不熟悉的事物產生求知欲。慢慢地，小朋友會了解生態圈多麼重要又多麼脆弱，需要我們一起用心維護。

瑪麗亞・蒙特梭利女士說：「當我們摧毀自然、把自然禁錮在人造的牢房、捏死昆蟲、殺死惹人厭的小動物時，我們以為自己的行為再自然不過了。但我們卻沒發現自己已經脫離自然，不知道自然是什麼。」

季節之桌

孩子們天生就喜歡大自然。當你帶著他們觀察自然生態，他們一定會很開心。讓他們盡情發掘周圍環境的大小事物吧。

❶ 找個地方安置一張小桌子，或一個托盤，放上採集到的當季物品。

❷ 製作一個季節之輪，放在桌上或掛在牆上，讓小朋友依據季節轉動季節之輪。

❸ 當你和孩子外出散步時，隨手採集一些小物品，如葉子、花朵、石頭、松果、樹皮、蝸牛殼……等等。

❹ 回到家後，把採集的東西放在桌上或托盤內，讓小朋友用放大鏡仔細觀察。隨時改變季節桌上的物品，才能保持孩童的興趣唷！

❺ 接下來，你可以和孩子利用這些東西來做其他活動，比如彩繪葉子，觀察種子的成長周期，討論環保議題，每個季節的特色……等等。

確保季節桌隨時都放滿各種有趣的東西，同時要保持乾淨整齊，不要放得太擠。和孩子一起用心觀察大自然吧！

瑜伽

 ## 蝗蟲式（Salabhasana）

❶ 先趴在地上。

❷ 雙臂放在身體兩側，掌心向上。

❸ 一邊吸氣，一邊雙腿併攏輕輕往上抬起，上半身
　 和雙手也同時往上抬。

❹ 一邊吐氣，一邊慢慢把雙腿放下，上半身與雙手
　 也放鬆下來。

❺ 重覆三次。

 益處
蝗蟲式會強健下背部的肌肉，讓腹部、
大腿、雙臂和頸部更有力。

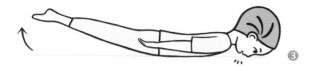

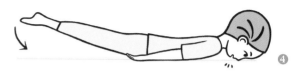

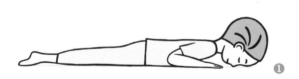

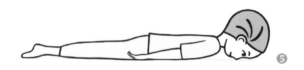

🗨 舒緩身心的說故事時間

秋意

孩子，好好地躺下來，放輕鬆。你知道哪個季節的顏色最燦爛嗎？那就是秋天。所有的樹葉都穿上黃色、金色、紅色、棕色等不同色澤的衣裳。各種五彩繽紛的葉子隨著秋風不斷飄落。你發現太陽愈來愈早下山，空氣變得愈來愈冷冽清新。你也看到天空愈來愈常下雨。那和夏天的雷陣雨不一樣，而是又細又綿密的雨絲，會帶來陣陣涼意。漫長的暑假結束後，學校開學的那一天，就是這種天氣。

早上起床時，你常常看到窗外飄著白霧。濃濃霧氣湧上樹頭，樹枝在濃霧中消失不見。秋天也是採收蘑菇的季節，你可以去森林裡尋找蘑菇了！小心呀，別一口氣就把蘑菇吞下去，有些蘑菇可是有毒的呢！採完蘑菇後，你還可以撿拾栗子和各種落在地上的果實；把它們全帶回家，用水清洗後，再把它們晾乾；接著，把果實放進烤箱裡烘烤。有時，你在森林裡小心地觀察動物們採集果實。不過，你沒有看到太多動物，因為很多的動物都在準備冬眠。

冬眠是什麼？漫長的冬天到來時，很多動物會躲在家裡睡覺。他們可能藏在洞穴裡，也可能躲在地道裡。再看仔細一點。你有沒有發現，許多鼠類忙著把榛果、栗子和橡實搬回家？這樣他們起床時才會有東西吃。

當你散步時，聽見了鳥兒的呼喚。你抬起頭望向天空，看見一大群的鳥兒列隊在空中飛行。牠們要飛去溫暖的國度過冬。不過，當春天來臨時，候鳥就會跟著回暖的天氣一起回來。

接著你跑去湖邊划船。有沒有看到湖面上倒映著樹林繽紛的顏色？你聽到了嗎？候鳥正聲聲呼喚，飛往溫暖的地方。秋天讓你渴望旅行，帶著想像力飛往遠方。

對孩子說故事時，親子共享片刻的寧靜，放鬆身心。

創意激發活動

數千年來，人類一直對陀螺深深著迷。不管用泥土還是木頭做的陀螺，或者是近年來常見的塑膠陀螺，總是轉個不停。據說陀螺最早出現在中國，至今已有四千年的歷史。你只需要幾樣材料，就可以和孩子自製陀螺。看著它一直轉呀，轉個沒完，就好像具備催眠的魔力，看著看著，心情就會慢慢沉澱下來。陀螺上的圖案會隨著旋轉的快慢，呈現多變的色彩，不斷轉出新的驚喜。

✂ 陀螺轉呀轉……

製作陀螺

材料：

- 白色厚紙板
- 幾張紙
- 安全剪刀
- 牙籤數根
- 彩色筆

❶ 在厚紙板上剪下一個圓形，畫上裝飾圖案。如果沒有白色的紙板，可用一般的厚紙板剪出圓形後，貼上白紙，再畫上裝飾。

> 若家有**幼童**，可以在圓板上貼上彩色膠紙作為裝飾。
>
> 讓**大孩子**從厚紙板的中心點開始，往外畫上一圈圈的同心圓，轉起來就會變成彩色螺旋。曼陀羅是圓形的，非常適合畫在紙板上，做成曼陀羅陀螺！

♡ 你知道嗎？

如果把紙板分成四等分，並畫上彩虹的七種顏色（紅、橙、黃、綠、藍、靛、紫），陀螺旋轉時就會變成白色的喔。

❷ 剪掉火柴前端的硫磺後，插在圓紙板的中間，陀螺就完成了！也可以用牙籤代替火柴棒。

❸ 發揮想像力，把幾個大小不同的圓形，畫上不同顏色或圖案後，再疊串在一起，就成了另一種陀螺。

❹ 每個人都做好自己喜歡的陀螺後，辦一場陀螺比賽吧，看誰的陀螺轉得最久。大家一定會積極的磨練轉陀螺技巧。

想做陀螺卷嗎？

❶ 把一張紙剪成幾段一公分寬的紙條，再把紙條的頭尾互相接黏在一起，變成一條長長的紙條。

❷ 把紙條一圈圈地纏繞在牙籤上，形成約一點五公分厚的紙卷，這樣就成了一個陀螺卷。

🥚 棋盤圖

讓幼童依照自己的喜好，在每個格子裡塗上不同的顏色、畫上有趣的圖案。

若家有**大一點的兒童**，請他把格子一一填滿。不過要提醒他，相鄰的格子不要使用同樣的顏色。

請**大孩子**用直線、橫線、斜線塗滿格子，不過兩個相鄰的格子不可以畫上同樣的線條。

蒙特梭利工作坊

小朋友的節奏和大人大不相同。大人設下目標,迫不及待地往目標衝去。而孩童活在當下,慢慢的發展、成長。對孩子來說,目標沒那麼重要,重要的是怎麼達成它。他們很享受朝目標前進的過程。不妨找一天,你也慢下腳步,一起體驗孩童的生活節奏?

瑪麗亞‧蒙特梭利女士說:「有些人抱怨小孩子太『陰晴不定』,有時他們拒絕洗澡、梳頭髮,也不肯穿衣服,把日常作息搞得一團亂。此時,不該馬上制止孩子,這樣只會造成小孩的壓力——這是大人所能對孩童造成最嚴重的傷害。」

一天的作息韻律

- 日常生活的節奏常常既緊湊又刺激。大人小孩都急急忙忙地穿衣、洗臉、吃早餐、準備上學、回家、吃晚餐、上床睡覺……一天又一天重複著同樣的作息。我們是否忘了留給孩子一點空間,讓他用自己的步調體會這個世界?

- 小朋友很難有機會,用自己的步調過日子。因此我們應該找一天放慢腳步,給孩子充分的時間自行完成日常生活的大小事,這樣他才能慢慢成長、進步。雖然,有時小朋友會拖拖拉拉或做得零零落落,大人忍不住插手幫他完成,但爸爸媽媽得盡量讓小朋友自己做,他才能發展獨有的個性,同時增加自信心。今天,就給孩子充足的時間去嘗試、去犯錯,讓他慢慢地完成該做的日常行為,不要擋住了成長的道路。讓孩子依照自己的節奏去做吧。

- 不過,孩子必須學會遵循一定的例行程序來過生活。你可以幫孩子設計一塊日常作息板,把孩子的日常生活拍下來,像是他洗臉、吃早餐、上學、遊戲、吃下午點心、吃晚餐的樣子,一一印出來,然後黏在作息板上。這樣可以加強孩子的時間概念,讓他們隨時查看,作好心理準備,知道自己什麼時候該做什麼,而他們的心情也會比較穩定。

 瑜伽—冥想時間

🍃 地印（Prithvi-mudrâ）

❶ 盤腿而坐。

❷ 手心向上。

❸ 拇指指尖和無名指指尖相觸。

❹ 其他三個指頭伸直。

益處

地印能幫助體內的不同元素保持平衡，還能強健我們的身體，減緩疲勞感。結地印可讓身心處在均衡的狀態，同時加強自信心。

和孩子結手印時，請先溫柔地示範，再讓孩子跟著一起做。

創意激發活動

下廚作菜是共同創造美食的時刻，嘴巴品嚐了好滋味，心裡也會升起暖意。孩子喜歡和你一起捲起袖子下廚，享受美好的親子時刻，一起用雙手做出食物。除此之外，廚房也可以變成一個創意園地，讓孩子透過改變食物的外觀來發揮自己的創意。冒牌水果就是這樣一個好機會。當孩子看到自己的創意化為實物，一定很自豪。

✂ 冒牌水果

準備工作

材料：

- 杏仁麵團
- 各種果乾，如：無花果、蜜棗、杏仁、杏桃、堅果、榛果、醃漬櫻桃、梅乾、松子……等等。
- 冰糖

不管小朋友的年齡多大或多小，他們都喜歡幫果乾穿上各種外衣，就像在玩模型黏土一樣！你可以在麵團中塞入梅乾、蜜棗或杏桃果乾。也可以用食用色素改變麵團的顏色，再塞兩個堅果、杏仁或糖漬櫻桃，就成了一雙大大的眼睛。如果在麵團插上許多松子，就做出一隻可愛的小刺蝟！完成後，把作品沾上一層冰糖，再用盤子裝好，立刻端上桌享用。或者你也可以把紙板捲成圓錐筒，做成容器，裡面裝滿各種冒牌水果，分送親朋好友。

自製杏仁麵團的作法

（大孩子可以動手自己做）

材料：

- 200克的杏仁粉
- 200克的糖
- 兩大匙的水
- 幾滴食用色素

作法：

❶ 均勻混合除了色素以外的所有材料，形成質地一致的麵團。伸出手指，盡情揉捏吧！

❷ 把麵團分成幾塊，按照喜好，滴上想要的顏色，就變成彩色麵團了。

♥ 不妨這麼做……

如果你們住在鄉下，在動手做之前，先出門去採集大松子。五針松的松子很好吃唷！

蒙特梭利工作坊

小朋友到了七、八歲左右，對時間的概念才會漸漸發展完全。孩子活在當下，還搞不懂時間的軌跡。他們需要親身經歷過季節變化、年月交替，才能慢慢理解時間的意義。小朋友會在無意識間，把雙眼觀察到的、五感體會到的一切資訊，在大腦裡消化。

✋ 時光流逝

下面列了幾種幫助孩子認識時間的活動：

之前／之後

在一張紙上畫下三個欄位。在中央的欄位，貼上一張孩子在做某件日常行為的照片，或用畫圖表示。接著問孩子，他記得在做這件事之前，還做了什麼事嗎？請他畫在左欄。再問問他，之後他又做了什麼事呢？並請他畫在右欄。

早上／中午／晚上

教孩子幾句例句，讓他們學會怎麼表達一天的不同時間，如「我早上吃了早餐」、「中午到了，你在餐廳吃中餐」、「晚上我們都在家，一起吃晚餐」……等等的句子。你也可以教他辨別昨天與明天，如「昨天，我們一起去了爺爺奶奶家」、「明天，我們要一起去買東西」……等等。

用照片紀錄一整天

在不同時刻，拍下孩子在做什麼。晚上時，把一整天的照片列印出來，和孩子一起按照從早到晚的順序排列每一張照片，貼在紙上。

沙漏

沙漏可以用來認識短一點的時間。你可以準備三分鐘（或其他時間長度）的沙漏，和孩子一起做一件在三分鐘內就能完成的事，比如：煎一顆蛋、跳舞、刷牙……等等。完成後，告訴孩子說：「你花了三分鐘做這件事。」

時鐘

和孩子出門散步一小時。回家後，看看時鐘，跟孩子說，你們出門了一小時，瞧瞧時針往前走了一步。若家裡的時鐘有整點報時的功能就更好了。

季節轉輪

拿一張唱片或圓形紙板，分成四等分，分別代表四個季節，並在中間放上一個指針。每當季節輪替時，就跟孩子聊聊季節時序，一起觀察大自然的變化，並轉動季節之輪。

時間光譜

準備一條長達兩到六公尺間的紙卷，一條紙卷代表一整年。在紙卷上，依序標上一週七天的刻度，再標上每一個月、每一個季節。你也可以在上面標上每個人的生日，重要的節慶等。每一天，請孩子在時間光譜上的當天刻度，貼上一枚小標籤，或夾上一個晾衣夾。

瑜伽

弓式（Dhanurasana）

① 趴在地上，伸直雙腿，雙手放在身體兩側。

② 一邊吸氣，一邊彎曲膝蓋把小腿抬起，直到腳底彎曲到臀部附近。

③ 伸手握住腳踝。

④ 抬起頭部和上半身，同時也抬起大腿，眼睛往上望。

⑤ 身體像弓一樣彎曲。

⑥ 一邊吐氣，一邊回到起始位置。

⑦ 重覆三次。

益處

弓式能強健下背部、腹部、大腿、雙臂和頸部。同時增加脊椎的柔軟度，髖部與肩膀的活動度，還能活絡腹部的器官。

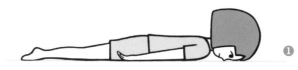

①

②

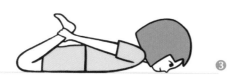

③

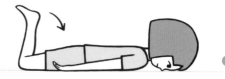

④

⑤

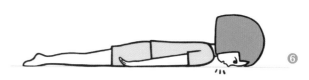

⑥

128

💬 舒緩身心的說故事時間

太陽

　　孩子，好好地躺下來，放輕鬆。想像一下，在一個夏夜，你打開窗戶後就躺在床上沉入夢鄉。一道美麗的光線照射入屋，驚醒了你，感覺到一陣暖意撫觸你的臉龐，那是太陽的光芒。你知道太陽也是一顆星星嗎？它離我們很近。但對你來說，你覺得太陽好像很遠。太陽發散的光度與熱能要花上十分鐘，才會抵達我們身邊。日出與日落時分，你看到藍天裡飄著幾朵雲，它們染上了太陽的紅光。早上，太陽升起；晚上，太陽落下。這兩個時段，太陽變得紅通通的，就像一個大番茄。白天時，掛在高空中的太陽變成黃色。當太陽在地平線的那端落下，就把地球的另一面照亮，另一半地球的孩子們會看到黃澄澄的太陽，而你在夢裡睡得正熟。

　　白天時，陽光太亮了，無法直視太陽，你得戴上太陽眼鏡才行。戴上太陽眼鏡後，太陽就變得沒那麼刺眼了。有些人用特殊的器材把太陽看得一清二楚。當你靠近看太陽，太陽就像一團巨大的火球，熔漿四處迸射。要是沒有太陽，植物就無法長大，不會開花也不能結果。現在，你跑到公園裡玩。當太陽沒那麼毒辣時，你很喜歡和朋友在陽光下玩球。

　　當你興奮的玩球時，太陽撫觸著你的身體。但你覺得太陽愈來愈強勁了，變得太熱了。你忘了帶水，現在你渴得很，跑去找噴泉解渴。你玩得很盡興，在樹蔭下休息睡著了。當你醒來時，陽光已經變得非常柔和。如同往常，太陽慢慢落下，夜色漸漸降臨。此時，也是你回房入睡的時候。當然，你一定會把窗戶打開，期待隔天陽光再次灑滿房間。

對孩子說故事時，親子共享片刻的寧靜，放鬆身心。

創意激發活動

日本人從一張薄紙，創造了讓大人小孩都著迷的摺紙藝術。和孩子玩摺紙時，先從只要折一兩道即可的簡單摺紙開始。馬上就能看到摺紙成品，孩子會立刻獲得滿足感。摺比較複雜的形狀時，請小朋友發揮手藝和耐心。耐心是折出漂亮摺紙的重點，也是摺紙之所以困難的原因。你可以在網路上找到許多摺紙的方法，市面上也有許多依據孩童年齡設計的摺紙教學書。

 摺紙

這是一個非常簡單的摺紙活動。請先準備正方形的色紙，薄一點的紙張比較好折喔！

摺一隻狗

❶拿一張正方形的紙，先對折成一個三角形。

❷把三角形對折一次，再打開。

❸把三角形的兩端往內折，像圖示一樣，形成狗的兩個耳朵。

❹把三角形下方尖端處往上折。如同圖示，先折第一層、再折第二層。

❺畫上小狗的眼睛和鼻子，就完成了！

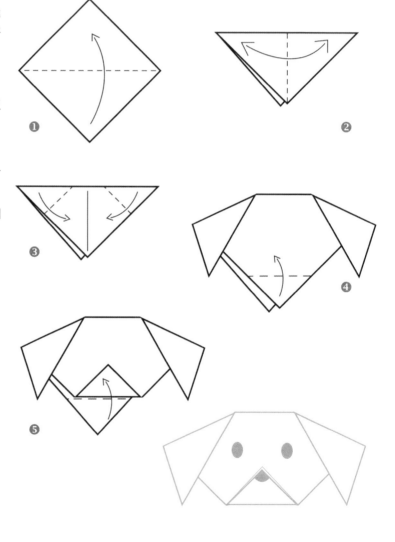

沙灘上

若你有結合海潮聲的放鬆音樂，可以讓孩子一邊聽音樂、一邊畫畫，沉浸在置身海邊的氣氛裡。

不管家裡的小朋友是年紀還小的幼童、大一點的兒童還是大孩子，都請他們盡情發揮想像力為這張圖著上顏色。他們也可以根據自己的喜好，在沙地上、半空中和水中加上更多細節。

蒙特梭利工作坊

小朋友天生就具備把各種事物依照關聯性來連結的能力。爸爸媽媽可以提供多元化的活動，根據孩子的興趣，設計不同的圖片連連看遊戲，藉此滿足孩子們的渴望，激發他們的潛能。透過本活動，你也能增加孩子在不同領域的詞彙量。快從孩子喜歡的主題中，挑一個來做圖片連連看吧！

✋ 看圖連連看

這個範例是以農場動物與牠們住的地方為主題。

❶ 先展示十二張圖片，依動物與牠住所的關聯性，分成六組。一開始，先從小朋友認得且知道名字的動物開始。這樣一來，小朋友可以專心認識動物住所的名稱。

❷ 你和孩子舒服地坐在地上，把圖片放在地毯上。接著，請孩子把圖片中的動物和牠們的住所配對。

❸ 在住所圖片的背後，貼上動物的圖案。這樣一來，孩子隨時可以自我訂正。

> ❤ 動物與住所的配對建議
>
> ・牛／牛舍　　　　・山羊／羊舍
> ・馬／馬廄　　　　・鴿／鴿舍
> ・豬／豬圈　　　　・雞／雞棚
> ・貓／貓窩　　　　・兔／兔籠
> ・狗／狗屋　　　　・綿羊／羊舍
> ・驢／驢欄　　　　・鴨／池塘
>
> 其他看圖連連看的點子：
> 各種職人與他們使用的工具、動物與牠們吃的食物、國家與國旗、衣服與季節。

瑜伽—冥想時間

 水印（Varuna-mudrâ）

❶ 盤腿而坐。

❷ 手心向上。

❸ 拇指指尖和小指指尖相觸。

❹ 其他三指伸直。

益處

水印能穩定人體裡不同功能的液體，增強直覺力、激發內心情感，同時保持身體血液裡的水份。水印還可以避免胃腸發炎、肌肉筋攣。

和孩子結手印時，請先溫柔地示範，再讓孩子跟著做。

創意激發活動

在家裡，有時會突然被一陣喧鬧嚇到，特別是家裡人多的時候。只要一不注意，大家很容易就提高音量、大呼小叫，氣氛緊張。吵鬧讓人疲憊不堪，一天結束之後，人人都渴望重新找回安靜的時刻。你可以安排一天作為「音樂日」，改變這種嘈雜的生活模式。音樂日的規則很簡單：說話的人一定要以歌唱來表達。這個活動一點也不費力，也不需要花太多心思。無形之間，大家就會比較注意用詞，不會不經意說出難聽、衝動或令人傷心的話。

🎵 來唱歌吧！

- 為了讓大家有心理準備，前一天晚上先宣布第二天是唱歌日，這樣大家才不會措手不及，而且會帶著期待的笑容起床。

- 想唱什麼歌都可以，互相腦力激盪：耳熟能詳的兒歌、經典的歌劇詠嘆調、現在熱門的流行歌曲……如果孩子有特別喜歡的曲子，或近來在學校學到新歌曲，你可以告訴孩子歌詞的意義和背後的故事，他們一定會覺得很有趣。你們還可以一起隨著音樂起舞，增加樂趣。你是孩子的榜樣，你愈投入這個遊戲，孩子也會愈積極地唱歌，讓家裡的氣氛更放鬆和樂。

- 你也可以安排合唱曲目，讓每個人都有發聲的機會。（或讓小朋友模仿樂器的聲音，最簡單的就是扮喇叭）最簡單的就是輪唱，大家馬上就能享受到合作唱歌的樂趣。如果家中有人會演奏樂器，那麼請他一起演奏。

萬一有人不合群，該怎麼辦？想幾個好笑的懲罰，罰不願意出聲唱歌或老是忘了唱歌的人。

家裡的**大孩子**可能會覺得這個遊戲很無聊可笑？那麼改成一日英語日，每個人說話時都要講英文。除非你家本來就是雙語家庭，不然這個遊戲難度還頗高的喔，大家自然而然不會衝口說出難聽的話語。如此一來，就能大大減少家裡的紛爭。

蒙特梭利工作坊

本遊戲利用分析聲音，幫助孩子進一步了解聲韻學。我們可以在一個箱子中放進各種小物品，藉由物品的名稱來幫助孩子熟悉字母發音。法文中有三十六種不同音素，有些音素非常接近，因此不用在盒子中準備涵蓋所有音素的物品。比方來說，元音分為開元音與閉元音，O有分開、閉兩音（ordinateur電腦／olive橄欖），E也有分開閉（beurre奶油／eucalyptus尤加利樹），而GN發的音和N很像（agneau羊肉）。認識音素會讓孩子學習新詞彙時，發出正確的音。如前所述，教育孩子時先從實際物體開始，再導入抽象概念。本單元中，我們讓孩子先從單一聲音／音素（實際物體）開始，認識音素與字母間的關聯，再慢慢接觸詞彙（抽象概念）。

猜謎遊戲

本活動非常容易，你可以從小朋友的玩具堆裡、家中、大自然、托兒所、舊貨市場等地方，收集各種小玩意兒。只要發揮一點耐心，你就能收集到包含各種音素的物品。把它們都放在一個箱子裡。

❶ 先在托盤上放三個孩子認識、且發音大不相同的物品。比方來說，你可以放上vis（螺絲釘）、loup（狼）、balle（球）。

❷ 你說：「在托盤上，我看到有個東西的名字以V開頭。你可以告訴我它叫什麼嗎？」

「vis（螺絲釘）！」

「沒錯！vis的開頭是V！」

孩子猜對後，把東西交給他，再拿出下一個物品。

❸ 不要急著指出孩子的錯誤，時時鼓勵孩子，保持嘉許的態度。

❹ 當孩子了解字的起始字母與發音方法，你就可以帶領孩子更進一步。跟他說起始字母，請他猜猜你指的是哪一個傢俱或擺飾品、室外的東西、某個人的名字，或請他說出以某個字母為起始，他所知道的所有詞彙。比如說，你可以請他說出以P為開頭的各種詞彙。

❺ 在托盤上放名稱比較長的物品，讓孩子猜第二個音節的聲音。把三個物品放在托盤上，其中兩個

❤ 小重點：

記得，先選擇只有單一音素的字彙，不要加上其他的聲音，方便孩子認識記憶。像é, è, ou, in, an, on, ch, oi這些二合字母比較容易找到例詞，輔音則比較困難，可以在字尾加上E音，比較好發聲。

你說：「在托盤上，我看到有個東西的名字以L字母開頭。你可以告訴我它叫什麼嗎？」

「balle（球）！」

你說：「balle（球）是以B開始喔！請告訴我桌上的哪個東西是以L字母開頭的？」

東西的第一個字母一樣，如：anneau（圓圈）、arbre（樹）和pont（橋）。

❻ 接著，按照一樣的方式，要孩子找出開頭字母是A，後面緊接著R的東西。

註：本活動以法文字來進行，家長可改用英文拼音或注音符號來進行活動。

瑜伽

 魚式（Matsyasana）

① 躺在地上，雙腿伸直，雙臂放在身體兩側。

② 深深吸氣，輕輕抬起胸部，縮起鎖骨，頭往後微仰，讓頭頂碰到地面。

③ 以手肘和前臂為支撐，維持②的姿勢。

④ 深深吐氣，回到起始的躺姿。

⑤ 重覆三次。

益處
魚式會促進脊椎的柔軟度，強健下背部、頸部、肩膀和雙臂。

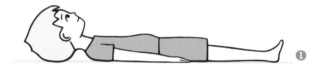

①

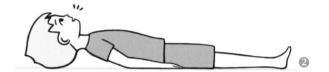

②

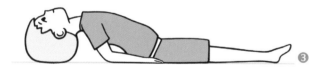

③

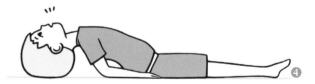

④

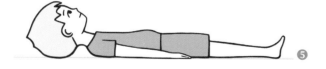

⑤

舒緩身心的說故事時間

落葉紛飛

孩子，好好地躺下來，放輕鬆。冬天過後，你看到空盪盪的樹枝上冒出一點一點的新芽。夏天到來時，這些葉子愈長愈大，等到秋天，同樣的葉子又會一一落下。當你走在路上，人行道上蓋滿了落葉。你知道每棵樹、每種植物都有獨一無二的葉子嗎？

你先去公園或森林裡收集葉子。你用一本筆記本當作植物標本集。每當發現一片特別又美麗的葉子時，你就撿起來，把葉子洗乾淨，放在報紙上晾乾。等到葉子乾了，你把葉子黏在標本集裡。透過葉子標本，你觀察周圍的樹木，找出落下這片葉子的樹。看哪，橡樹的葉子就像手掌，粗壯的櫻桃樹或栗子樹的葉子有清楚的脈絡，阿德勒或胡桃木的葉子很小。每片葉子都述說著一段故事。舉起葉子對著陽光，可以清楚看到葉子上的脈絡和紋路。你在大自然中觀察，發現有的動物會吃葉子、有的把葉子當成遮風避雨的家，有的昆蟲在葉子上產卵。葉子是萬物的好朋友，它們吸收陽光，讓樹愈長愈大。秋天時，葉子變成美麗的黃色、紅色和褐色，形成好看的風景。

你在樹下鋪滿落葉的地上躺下來，閉上雙眼。哎呀，落葉地毯飄了起來啦！它成了一張飛毯！落葉飛毯載著你旅行，它在空中盤旋、轉彎，從公園飛到人行道上，再從人行道飛到了河面上，又從河面飛到了森林上方。你舒服地坐著，欣賞著景色。你和落葉共度了一場美妙的旅程。

對孩子說故事時，親子共享片刻的寧靜，放鬆身心。

創意激發活動

莫內、秀拉、雷諾瓦、西斯萊……大部分印象派與點描畫派畫家的畫作，都以柔和的用色、祥和的風景或舒服的光線而聞名，讓觀者沉醉在畫作呈現的溫柔印象與氛圍裡。和孩子一起選一位畫家的畫作，試著模擬畫家的筆觸，用點觸的方式來作畫。給孩子充足的作畫時間，讓他盡情地把玩各種色彩，專注地點上每一筆。你和孩子將共享一段安靜平和的時光。

✂ 點點畫

準備工作

材料

· 軟管裝的顏料（比較容易調色）
· 很多的棉花棒

♡ 藝術的故事

和大孩子一起挑選一幅印象派的畫作，讓孩子試著臨摹。如果難度太高，不妨將描圖紙放在畫作上，讓孩子照著畫。此時是讓孩子探索繪畫世界的絕佳機會。

若家有幼童，選擇一張尚未上色的著色圖，請孩子用點點的方式上色。

最適合用點觸法畫的圖案，必須有明顯的黑色輪廓線，且著色的範圍要夠大。你也可以自己畫一張圖，讓孩子來上色。請孩子畫上柔和的淺色。用棉花棒上色時，你可以教孩子如何運用施力的強弱，來形成濃淡不一的色調。

讓大孩子自行發揮想像力，或請他根據度假時所拍的照片，畫一幅風景畫。

一開始，先示範怎麼用彩色鉛筆在白紙畫下淺淺的輪廓給孩子看，接著再讓孩子用棉花沾取顏料，用點點的方式完成畫作。

小祕訣：把棉花棒當作畫筆。記得要經常更換棉花棒，不同的顏色才不會混在一起，且棉花頭用久了，棉花會漸漸脫落而難以沾取顏料。

👁 人像畫

請**幼童**和年紀大一點的**兒童**，根據他們對人臉的觀察，幫上面的人頭畫上五官和髮型。

讓**大孩子**在人臉加上更多細節、畫出不同的表情，同時加上裝飾品，讓人像更豐富。

蒙特梭利工作坊

小朋友很喜歡學習新的字，因此，讓孩子們在遊戲中增加字彙量吧！你可以利用孩子們的玩具來進行本單元。有些學校設有迷你農場，養了一些小動物，也有供動物居住的農舍。在家裡，你也可以和孩子一起用玩具創造一座農場。遊戲時，和孩子玩問答遊戲，引導小朋友學會更多文法。

動物問答

❶ 收集各種在農場常見的動物玩具（如馬、牛、山羊、鴨子、兔子……等等）和各種動物住的房子或棚舍（如馬廄、牛舍、羊欄、鴨籠、豬圈……等等）。你也可以收集性別不同的動物和幼雛，教孩子要怎麼稱呼雌、雄與幼小的動物。

❷ 先和孩子討論每種建築物的稱呼，再把它們一一排好。拿起其中一種動物，說出它的名稱，把動物放在牠居住的房子前面。

❸ 比如，你拿起一隻馬，和孩子一起觀察馬的外觀，說：「它是一匹馬。」接著把馬放在馬廄前。照這樣，依序把每一種動物都放在牠們的住所前。

❹ 藉由討論動物的身體部位，來增加小朋友的詞彙量。比如，你可以說：「瞧瞧這隻牛，牠有胸部，也叫做乳房。小牛從這裡吸取媽媽的乳汁，小牛的媽媽叫母牛。母牛的頭上有牛角，牠有四隻腿和一條尾巴。你知道小牛的爸爸叫什麼嗎？」「公牛。」「牛住在農場的哪裡呢？」「牛舍。」

❺ 你還可以引導小朋友重複你說的話，讓孩子練習說出比較長而複雜的句子。比如，你說：「這隻母牛身上有白色和褐色的圖案。牛長得怎麼樣？」或你把牛拿到草地上，說：「瞧，牛在吃草。牛在做什麼？」或你把牛放到湖邊，說：「牛現在在喝水。牛在做什麼？」

瑜伽──冥想時間

 ## 原印（Adhi-mudrâ）

❶ 把拇指指尖放在小指根部。

❷ 彎起其他四指，把拇指藏起來。

❸ 兩手的指節面對面靠在一起，掌心向上，把雙手放在膝蓋或大腿上。

❹ 若孩子年紀很小，跟他說，手看起來像不像一隻把頭縮進殼裡的蝸牛呢？

益處

原印能讓我們的神經系統平靜下來，促進下腹部的呼吸順暢，增加肺部的容量，同時也能增加流往喉部與頭部的氧氣量。

和孩子結手印時，請先溫柔地示範，再讓孩子跟著一起做。

創意激發活動

動手做人造花，會讓心情平靜。不管年齡大小，只要是小朋友都喜歡做人造花。做手工藝時，每個人都能動動腦，發揮自己的創意，做出平面的紙花、紙雕花、人造花……變化萬千，只要活用手邊的材料就可以完成。讓每個人根據當下的心情，發揮創意，做出獨一無二的花朵！

✂ 手作花束

準備工作

材料

- 紙盤
- 塑膠杯
- 皺紋紙
- 串烤肉的竹籤
- 羊毛氈或不織布

- 安全剪刀
- 膠帶
- 彩色小紙球
- 棉花
- 錫箔紙

♥ 除了花束，你也可以做……

家裡沒有竹籤嗎？只能做出「沒有莖」的落花嗎？何不把花朵做成美麗的花飾呢？把一朵朵的花兒用釘書機固定在細繩上，就完成好看的花串了。你可以把花串掛在牆上，也可以放在窗前裝飾家裡。

若家有幼童，可以做最簡單的平面紙花。

❶ 在紙盤的背面畫幾朵美麗的花朵，再用剪刀剪下來。

❷ 請小朋友用彩色小紙球、棉花、錫箔紙裝飾花朵，並著上顏色，也可以用棉花棒沾取顏料來上色（請參考第三十一週的創意激發活動）。

❸ 把花朵固定在竹籤上即可。在花瓶中倒入沙子或放一塊園藝用的海棉，你就可以隨心所欲地調整每一朵花的位置，完成迷人的花束！

若家有大孩子，一起製作大朵的塑膠花兒。

❶ 用剪刀將塑膠杯從杯身剪向杯底，剪出花瓣。注意不要剪到杯底喔，因為杯底是花心，杯身就是花朵的花瓣。根據你想要的花瓣數量來決定要剪幾刀。修剪杯緣，剪出你想要的花瓣形狀。

❷ 機智的小朋友會把皺紋紙剪成長條狀，在指間揉一揉、繞一繞，就可以用來裝飾花朵，形成一朵又大又美麗的花。

蒙特梭利工作坊

本單元旨在透過有趣的活動讓孩童了解文法。我們利用簡單的動詞來教孩子懂得祈使句的句法。雖然本遊戲主要是為了識字的兒童所設計，但還不識字的幼童也可以一起玩。你可以請另一個人幫幼童唸出指令卡上面的字，或在指令卡上印出動作的照片或畫上示意圖。

瑪麗亞・蒙特梭利女士說：「語言是讓我們了解彼此的工具，語言也是分享思想的途徑。」

造句遊戲

❶ 準備幾張小紙卡，在每張紙卡上都寫一個動詞，接著把這些指令卡放進盒子裡。

❷ 你先示範給孩子看。從盒子抽出一張指令卡，照著上面寫的做動作，紙卡可能寫了：跳、唱、跳舞、跑、咳嗽……等等。

❸ 請孩子跟著做。當他示範紙卡的動作時，由你猜猜看紙卡的動詞是什麼。

❹ 接下來，你可以做許多難度不同的指令卡，放在不同的盒子裡，如：
· 動詞後面緊接受詞補語（比如：打開門）。
· 包含兩個動作（比如：走進房間、拿起長褲）。
· 包含三個動作（比如：拿起鑰匙、打開信箱、拿出信）。

❺ 當他愈來愈習慣一口氣做完數個動作後，你可以再次增加難度，寫成包含數個指令的一小段話，就像食譜常用的句法一樣。比如，你可以寫：「拿出麵粉，倒入一個大缽內。先加水，再加鹽。不斷地攪拌、揉捏，揉成圓形。用桿麵棍把麵團桿平。」

盡情發揮你的想像力！

瑜伽

 ## 棍式（Dhandasana）

❶ 坐在地上，雙腿往前伸直，併攏雙腳，腳趾往
上。

❷ 雙手平放在地上，掌心貼地，稍微輕壓。

❸ 緩緩地做幾次深呼吸。

❹ 你可以閉上雙眼，也可以望向前方遠處的某一
點。

益處
棍式有益於伸展後腿與背部的肌肉，
並且伸展背部脊椎。

❶

❷

❸

🗨 舒緩身心的說故事時間

奇幻南瓜

孩子，好好地躺下來，放輕鬆。想像你套上靴子、戴上橡膠手套，換上舊衣服，跑進爺爺奶奶家的菜園裡探險。爺爺教你怎麼挖地、翻土、播種和灌溉。你看到好多大大小小的南瓜，其中有一個特別龐大的南瓜。你和爺爺一起採收南瓜，把它搬上手推車，推進菜園旁的小屋子裡。爺爺和你一起把南瓜挖空，接著在南瓜殼上鑿出眼睛和嘴巴，並在裡面插上一根蠟燭，就成了一顆大南瓜燈。你把南瓜搬到家附近的矮牆上。

晚上睡覺前，你想看看南瓜，於是跑出屋外。突然之間，南瓜開口說話了！它問你，你想不想去一個遙遠的國度，在那兒，每個動物都會開口說話，而且你可以得到一切你想要的東西。你興奮地想，你的夢想終於實現了！

早上起床後，你下樓到廚房裡吃早餐。你以為會看到正忙著做早餐的奶奶，沒想到奶奶不見了，但是有兩隻大兔子。大兔子為你端上熱可可，和你聊天。而你聽得懂兔子說的話，就像你聽得懂南瓜講的話一樣。你喝完熱可可、

吃完三明治後，就跑到花園裡玩。你看到一群小兔子在玩球，牠們叫你趕快過來一起玩。過了一會兒，門鈴突然響了，所有的兔子都衝到門口，急急忙忙地把門打開，原來是兩隻想一起玩的小松鼠！你們成群結隊地跑到河邊玩，結果你又大吃一驚！

在河邊，一對狐狸兄妹加入你們的行列。你們玩得不亦樂乎，但快樂的時光總是過得特別快。你該回家和大兔子一起吃晚餐了。晚餐桌上放了紅蘿蔔湯、煎紅蘿蔔片和紅蘿蔔蛋糕，吃完後，兔媽媽帶著你和小兔子準備上床睡覺，並跟你們說睡前故事。不過，在睡覺前，你先跑到花園裡和那顆大南瓜道謝。你寫了一張感謝的小紙條，放在南瓜的嘴巴裡。接著你上樓回房睡覺。早上，陽光照在你的臉上，把你曬得暖洋洋的。你下了樓，看見奶奶正在廚房裡等著你吃早餐，昨天的兔子一家不見了。你跑到屋外，看見大南瓜仍然在矮牆上，口中還留著你前一天寫的紙條。你相信昨天絕不是一場夢而已……

對孩子說故事時，親子共享片刻的寧靜，放鬆身心。

創意激發活動

✂ 廢物利用的手工藝時間

本工作坊的目的是從手作中找到樂趣，帶來雙倍的滿足感。

下面針對不同年紀的小朋友，提供各種手工藝小點子：

- 把酒瓶的軟木塞做成小人，可當做餐桌上的小擺飾。
- 把捲筒衛生紙中心的紙筒留下來，在上面雕刻鏤空的花樣，就能當餐巾環。
- 將小紙條或糖果藏在空的火柴盒裡，再裝飾外盒，就成了迷你驚喜盒！
- 用小樹枝和麻繩來做廚房的刀架。
- 利用沛綠雅或波多氣泡水的綠色塑膠瓶，將瓶身的下半部剪開，修剪成花瓣的形狀，就做成一個很可愛的花朵小碗，可以用來裝零錢或鑰匙。
- 把舊的鐵絲衣架繞成圓形，裝飾上樹葉、花朵，就能做成美麗的花環或王冠。
- 將嬰兒食品的小巧透明空罐洗乾淨後，畫上各種圖案，就能當做漂亮的燭台。
- 若家中有很多老舊的彩色小磁鐵，可以用它們來拼成一張肖像畫！

- 把許多舊鈕扣用線串起來，就做成一條好看的手鍊。
- 手工藝店或文具店都可以買到五彩繽紛的小紙球。只要把小紙球用漂亮的絲線或鐵絲串起來，就能做成有趣的造型，還能掛在鑰匙圈上當吊飾唷！

♥ 聰明的收納小點子

準備一個抽屜或小箱子，把一整年不用的各種小東西收集起來，比如：酒瓶的軟木塞和各種瓶蓋、細繩絲線、火柴空盒、舊磁鐵、大頭針、鑰匙環、滾筒衛生紙的紙捲、明信片、各種花樣的鈕扣、零散的布料、不織布……等等。靈感來時，不需要另外買材料，就可以用現成的東西來做手工藝！

幾何曼陀羅

來幫這個形狀繁複的曼陀羅上色吧！記得，最多只能用四種顏色喔！

請年紀小的**幼童**用點點的方式來上色。

請年紀大一點的**兒童**先從中央開始著色，一圈一圈慢慢地往外畫。

給**大孩子**多一點的挑戰，請他們用逆時針的方向，一圈一圈往外畫。小朋友得一邊畫、一邊動腦想一下，逆時針的方向是什麼！

蒙特梭利工作坊

本小朋友很愛聽故事。幼童喜歡聽爸爸媽媽說故事，而大孩子可以花上好幾個小時，閱讀引人入勝的故事書。書海如寶庫，很適合和孩子一起發掘各種有趣的知識；大人和小孩一起讀書時，共度一段親密的親子時光。小朋友很喜歡成為眾人的焦點，爸爸媽媽何不製作一本以小朋友或全家人為主角的故事書呢？

自製故事書

❶ 如果孩子年紀還小、不認識字，你可以做一本相片書。拍下孩子在做各種事情的身影，比如以他一天的日常生活為主題，或以某次親子出遊為主題。

❷ 只要準備幾張A4大小的紙，對折再釘起來，就成了一本迷你書。

❸ 把小朋友的照片印出來，貼在右頁上，並在左頁寫上一段小故事。

❹ 當孩子開始識字後，你可以製作新的相片書。寫故事時，記得配合小朋友的識字程度來選擇用字。

❺ 如果小朋友願意的話，也可以讓他自己做一本小冊子！

❻ 一開始，每一頁只要寫上一、兩句話，做出六頁左右的相片書即可。

❼ 配合孩子的程度，慢慢增加句子和相片書的頁數，並使用難度較高的詞彙。

❽ 若小朋友的年紀較大，認識的字也較多，你可以為他們寫下內容更豐富的故事。讓想像力盡情馳騁吧！

你可以和孩子一起腦力激盪，發想故事的內容，編造天馬行空的情節，一起到處拍照尋找靈感！

瑜伽—冥想時間

能量印（Prâna-mudrâ）

❶用拇指指尖同時碰觸無名指和小指的指尖，同時
　伸直食指和中指。

❷雙手維持能量印的姿勢，放在大腿或膝蓋處。

益處

能量印能夠舒緩眼部壓力和睡眠問題，幫
助血管舒張。同時，能量印也能幫助虛弱
的人找回元氣。當你定期做能量印，身體
就會愈來愈有活力。

和孩子結手印時，請先溫柔地示範，再讓孩子跟著一起做。

創意激發活動

今天天氣不好嗎？或者，放假在家，大家總是很晚睡呢？你是否在想該和孩子做什麼輕鬆的室內休閒活動呢？不如一起來玩拼圖！拼圖可以培養耐心與專注力，讓煩躁的心情平靜下來。如果小朋友討厭拼圖，你可以提議來玩拼圖比賽，也許會刺激他們的求勝心！拼圖時，可播放全家人都喜歡的音樂，讓氣氛更和樂。除此之外，注意燈光要充足，才能看清楚拼圖上的圖案喔！

✂ 趣味拼圖

準備工作

- 拼圖有好幾種不同的玩法。首先，視小朋友的年紀來準備適合的拼圖。把同年紀的小朋友分在同一組；不同組別，拼不同難度的拼圖，來一場團隊競賽，看誰拼得比較快！除此之外，你也可以準備適合全家人一起拼的大拼圖，指派每個人不同任務，比如先找出邊緣與角落的拼圖片，或者按照顏色、形狀來分類……等等。

- 拼圖需要很多時間，有時需要好幾天才能拼完一張圖。如果家裡有一張不太常用的桌子，你可以和小朋友在這張桌子拼圖。或者，你也可以在大托盤上面拼圖，方便移動。如果家裡沒有大托盤，只要在拼圖下面墊一塊板子！

> 如果家裡的大孩子常常反覆玩同一塊拼圖，已經拼得很熟練了，那你可以把拼圖的完成圖收起來，讓孩子憑著記憶力來拼拼看！

♥ 好遊戲就是要分享！

找看看，你居住的城市是否有交換二手遊戲的店家。你可以把小朋友玩過的桌遊和拼圖帶去換成新的拼圖喔！

蒙特梭利工作坊

透過本練習，可讓孩子理解有生命與無生命的差別。也許，小朋友年紀還小，從未理解生物與無生物有何不同。藉此機會，你帶著孩子進一步認識身邊的大小事物，同時增加他們的語彙。

✋ 生物與無生物

準備工作

材料：

- 八張生物圖片，也可以用其他東西來代替，比如小動物形狀的擺設品。
- 八張沒有生命的物體圖片，也可以用同樣形狀的小東西代替。
- 兩張標籤紙，分別寫上「生物」和「無生物」。

準備標籤時，如果小朋友還不認識字，可以用圖案來表示。如果已經識字，就用文字來表示。

開始本活動前，如果可以的話，先帶小朋友實際接觸圖片上的東西。比如，有貓咪的圖，就先帶孩子去看看真正的貓咪，一起討論貓咪有哪些部位，外表有哪些特徵，牠通常會在哪些地方出現……等等。盡量讓小朋友自己動腦找出答案，就算他說錯了，也不用馬上糾正他。慢慢的，他的知識愈來愈豐富，就會找出真正的答案。

❶ 一開始，先讓孩子看看這十六種生物、無生物，想一想，它們有何不同。

❷ 讓孩子邊思索邊回答，接著你可以問問他：「我們要怎麼知道一個東西有沒有生命呢？」讓孩子說說看，就算他說錯了也無妨。

慢慢地引導孩子了解，會呼吸、吸取養分、製造的東西是有生物，生物有生就有死。

❸ 把圖片根據「生物」、「無生物」的標籤，分成兩組。

❹ 請小朋友跟著你的示範，把圖片依據生物與無生物分成兩類。接著，帶著孩子一起看看生活周遭，找出常見的生物和無生物。

瑜伽

後仰支架式（Purvottanasana）

❶ 坐在地板上，雙腿伸直，雙腳併攏，腳趾向上。

❷ 把雙手放在身後，手掌放在臀部下方，掌心平貼地板。

❸ 輕輕彎起膝蓋，雙腳平放在地上。

❹ 深深吸氣，同時以雙手、雙腳撐地，把身體往上抬起；頭往後仰，伸直手臂和雙腿，並伸展身軀。深深吸氣並維持姿勢。

益處

本姿勢可讓手臂和手腕變得強壯有力，舒緩肩膀的關節，同時伸展上半身。

❺ 一邊呼氣，一邊回到起始姿勢。

❻ 重複三次。

🗨 舒緩身心的說故事時間

彩虹

孩子，好好地躺下來，放輕鬆。天氣真晴朗，你打算和好朋友去附近的樹林裡野餐，好好地玩。你把零食裝滿背包，接著騎上腳踏車出門。你和好友到了樹林，悠閒地坐在草地上大吃一頓。吃飽喝足後，你和朋友玩著球，累了就躺在樹蔭下休息；接著，你打起瞌睡。過了一會兒，你覺得鼻子溼溼的就醒了過來，原來有水珠滴在你的鼻子上。

下雨啦！一開始只是一滴一滴的雨，接著雨愈來愈大。你們在樹蔭下躲雨。過了一陣子，雨變小了。在天空的另一端，太陽又露出臉來。好朋友拉著你的衣袖，示意你抬頭望向天際。你看到橫跨天上的彩虹，多美呀！你只在書本裡讀過彩虹，這是你第一次親眼見到彩虹。你聽說彩虹有七種顏色，你興奮地數著，果然有七種顏色耶！

突然間，你靈光一現，跟朋友說，你

們應該一起騎著腳踏車，找一找彩虹從哪兒升起來。你們立刻騎著車飛快地奔向彩虹，但儘管你們騎好久，彩虹看起來還是那麼遙遠。你們完全不懂為什麼。朋友說，只要一直騎下去，就一定會到達彩虹開始的地方。彩虹一定停在某個地方，不是嗎？來吧，再騎快一點！朋友說，只要知道彩虹從哪兒升起，就找得到哥布林（goblin）藏起來的寶藏喔！

你很想找到寶藏，所以你又騎了起來。你愈騎愈快，想在彩虹消失前趕快抵達。你們就快要騎到了，而雨也快停了。接著，你們穿過了彩虹的下方。彩虹好大啊，你們把腳踏車丟在一旁，不斷往前跑。這時，雨已經完全停了，陽光灑落，世界都亮了起來。就在這個美麗的時刻，彩虹突然消失了。你失望極了，不過你告訴自己，下一次，你一定會知道彩虹的起始點，找到傳說中的寶藏。

對孩子說故事時，親子共享片刻的寧靜，放鬆身心。

創意激發活動

當我們讓小朋友作畫的時候，總是給他們一張白紙。這一回，何不把紙張換成別的素材？比如，把紙換成一片葉子。樹林裡有各式各樣的美麗葉子，只要花點心思，就能成為獨特的創作媒材。和孩子一起細心地挑選葉子，把它們壓平，接著，就讓小朋友在葉子上盡情揮灑創意吧！這份結合大自然與小朋友創意的作品完成後，你可以把葉子黏在紙上，再掛在牆上展示。

✂ 替葉子紋身

準備工作

- 帶著孩子去森林裡漫步，或找個悠閒午後，逛逛附近的公園，一起收集各式各樣的葉子。幫孩子挑選沒有破洞、顏色漂亮、不會太小而且乾燥的葉子。

- 回到家裡，只要把葉子放在幾本書的下面，或放在厚字典的書頁間，就可以把葉子壓平。通常隔天葉子就會很平整了。但若孩子迫不及待的話，也可以壓一兩小時，就拿出來畫。

最好使用彩色麥克筆來畫葉子。繪畫用的麥克筆顏色繁多，能創造多變的效果。

♥ 小心別弄髒！

為了避免小朋友畫到自己的衣服，你可以請他們穿上舊的襯衫或 T 恤唷！有時連年紀大的小孩子，也會把自己畫得髒兮兮的！

請幼童順著葉脈來畫

請大一點的兒童在葉子上畫各種圖案，比如小點點、圓圈、畫線、幾何圖形……等等。

請大孩子畫上濃密、粗細不一的曲線。

烏龜馬賽克

在烏龜身上畫上冷色系的顏色，並用暖色系的色彩來畫背景。

年紀小的**幼童**，大人可先用黑筆把烏龜的形狀描出來，讓小朋友清楚看見圖案。

年紀大一點的**兒童**，你可先問他們，馬賽克的圖案是什麼？如果他們沒看出來是烏龜，你也可以用黑筆先描出烏龜的形狀。

如果是**大孩子**，就讓他自己好好研究圖案，並請他們用馬賽克的方式來著色。也就是，同一個區塊用相同顏色，但使用不同深淺來畫每一個小方塊，就會形成有趣效果。

蒙特梭利工作坊

小朋友最喜歡玩水了！可惜的是，孩子能盡情玩水的機會並不多。不過，小孩對水很好奇，一定很想多了解水的特性。本單元不但讓小朋友有機會玩水，還能進一步了解他們喜歡的玩具，認識玩具與水的關係。請孩子準備一本筆記本，用圖畫把玩水觀察到的情況記錄下來，或者寫下他的感想。

浮起來，沉下去

準備工作

材料：

- 一個水盆
- 一個盒子，裡面裝六到八樣各種物品，或小朋友的玩具
- 一壺水
- 一塊抹布
- 三張標籤紙，分別寫上：「浮」、「沉」、「浮浮沉沉」。

準備標籤時，如果小朋友還不認識字，就用圖案表示。如果已經識字，就用文字來表示。

❶ 將全部的東西放在桌上。

❷ 把水壺中的水倒進水盆。

❸ 拿起盒子中的一個東西，輕輕放進水盆中，不要激起任何水花。

❹ 和孩子一起觀察發生了什麼事。接著把盒子裡的東西，一一放進水盆裡。

❺ 把所有的東西都從水裡拿出來，並擦乾。接著，根據剛剛的觀察，把東西分別放在「浮」、「沉」、「浮浮沉沉」的標籤下面。

❻ 現在，請孩子照著你的示範，把所有的東西放進水裡，觀察哪些東西會浮起來、哪些會沉下去、哪些是浮浮沉沉的；還可以讓孩子把其他不怕水的東西也放進水盆裡，觀察看看會發生什麼狀況。

♥ **太誇張了！**

拿一小塊模型黏土，揉成一個小球，放進水盆裡。這時，小球一定會浮在水面上。多加一些黏土，再放進水中。試看看，要揉成多大的球，黏土球才會沉下去。記得，要把黏土揉得緊實一點喔！

瑜伽—冥想時間

日印（Surya-mudrâ）

❶ 將無名指彎向掌心，無名指的指尖碰觸到大拇指的根部。

❷ 把大拇指壓在無名指上面，同時伸直另外三指。

❸ 接著把手放在大腿或膝蓋上。

❹ 此時，把注意力集中在腹腔神經叢上。

益處

日印能增強身體的力量、活力和靈活度，排除不好的膽固醇。怕冷的人可以多做日印來增加體溫。

和孩子結手印時，請先溫柔地示範，再讓孩子跟著一起做。

創意激發活動

爸爸媽媽常常在嬰兒床上掛一些吊飾,擺來盪去的吊飾讓小嬰兒深深著迷,簡直就像被催眠一般!其實,不管年紀多大,我們都喜歡盯著輕輕擺盪的東西瞧,而且當物品一邊擺動一邊反射光線,或隨著燈光改變顏色時,總會令人目不轉睛。不妨自己動手做吊飾,小朋友一定會很喜歡盯著成品看,心中充滿了自豪的成就感,還會興奮地展現給別人。

✂ 飄浮吊飾

- 只要準備幾根木棒和尼龍線,就可以動手做吊飾。剪幾段長短不一的尼龍線,繫綁在木棒上,並在另外一端綁上輕盈的小東西即可。接下來,再用一根尼龍線,把吊飾掛在天花板上,就大功告成了!請每個人自行選擇主題,準備掛在吊飾上的裝飾品。

之前做過的手工藝品,比如:小毛球、摺紙、畫上圖案的葉子⋯⋯等等,現在都可以做成吊飾喔!

- 想要做更有自然風味的吊飾嗎?不妨撿一根形狀特別的樹枝,取代木棒來當支架。如果你喜歡大一點的吊飾,只要把兩根木棒交叉固定,再在四邊的支架掛上各種裝飾品,大吊飾就完成了。除此之外,舊的鐵絲衣架也可以當吊飾的支架,而且衣架頭很方便,想掛哪裡就掛哪裡!

♥ 維持吊飾的平衡

做吊飾最困難的一點,就是保持平衡。如果每個飾品的重量不同,可調整尼龍線的長度來平衡重量;或是調整尼龍線在支架上的位置來達到平衡。

蒙特梭利工作坊

本單元有兩個活動來幫助孩童了解神奇的磁力。趁此機會,讓小朋友發現物品的新特性。雖然物體的外表各有不同,但每個物體都會被磁鐵吸住。給孩子機會,讓他們有足夠的時間慢慢摸索,靠自己了解磁鐵的特性。

✋ 有趣的磁鐵

活動一的準備工作

材料:

- 一個磁鐵
- 二個小籃子,一個裡面裝滿可以被磁鐵吸起來的東西,另一個放沒有磁性的東西。
- 兩張標籤,分別標上「吸得住」、「吸不住」。

準備標籤時,如果小朋友還不認識字,就用圖案來表示。如果已經識字,就用文字來表示。

❶ 從籃子中拿出一個東西,放在前面。

❷ 拿起磁鐵,靠近拿出的東西。

❸ 看看會發生什麼事。如果磁鐵吸住東西,你說:「這東西會把磁鐵吸住。」如果磁鐵沒有吸住東西,說:「這個東西不會吸住磁鐵。」

❹ 請小朋友像你一樣,從籃子中拿出東西,再用磁鐵吸吸看。當籃子裡的東西都實驗完後,你可以請小朋友拿著磁鐵,吸吸看生活中的其他東西,看它們會不會吸住磁鐵。

活動二的準備工作

材料:

- 一個磁鐵
- 一些迴紋針

❶ 把迴紋針放在桌上,拿著磁鐵靠近迴紋針。

❷ 讓孩子看看,磁鐵吸住迴紋針了!

❸ 跟小朋友說,現在你要把迴紋針一個接一個串起來。拿著磁鐵,用上面的迴紋針吸起另一根迴紋針,一根接著一根。這就是磁鐵的魔力!

❹ 你先示範串完兩、三根迴紋針後,請孩子試試看,把其他的迴紋針也吸起來,串成一長串。

 瑜伽

駱駝式（Ustrasana）

① 跪在地上。

② 輕輕把臀部往前移，上半身往後仰。

③ 把雙手分別放在雙腳的腳踝處。

④ 胸膛向上拱起。

⑤ 保持不動，一邊深呼吸，一邊在心中默數一、二、三。

⑥ 胸部放鬆，身體慢慢挺起來，一手鬆開腳踝，再把另一手也鬆開。

⑦ 重覆三遍。

益處
駱駝式能增加脊椎的柔軟度，緊實臀部與大腿肌肉。除此之外，也能讓肩膀關節活動更順暢，伸展上半身的肌肉，促進腸胃蠕動。

①

②

③

④

⑤

⑥

🗨 舒緩身心的說故事時間

風與風箏

孩子，好好地躺下來，放輕鬆。今天是假期前的最後一堂課，放學後，你立刻飛奔回家，因為你收到一份禮物：一個漂亮的風箏，迫不急待地想去放風箏。晚上，你睡覺時，作了一個夢。夢裡，像鳥一樣的風箏高高地飛在天空，身上五彩繽紛的羽毛隨風飛舞。這是全沙灘最美的風箏。

隔天，你起床後，家人就帶著你去旅行。你跳進車裡，把風箏放在你的膝蓋上。你覺得車子開了好久。好不容易，車子停了下來。你穿上防風外套，迫不及待地跳下車。然而，外面半點兒風也沒有，你失望極了。該怎麼辦呢？幸好，你帶了泳衣。你換上泳衣，打算玩水、堆沙堡；但仍然念念不忘你的新風箏。突然，一朵雲飄過天空、遮住了太陽，此時，風吹了起來。

玩風箏的時刻到了！你套上T恤，拿起風箏，往空中一拋，接著往前跑，你高舉著手，牢牢地抓住風箏的把手；但是，風箏從空中掉了下來，因為風不夠強。你又試了好幾次，但風箏還是沒辦法飛起來。突然，一陣風柔柔地吹了過來，接著愈來愈強。此刻正是大好時機！你穩住雙手，好好地操縱風箏。忽然間，風箏高飛起來了！

幾分鐘後，你手中這隻五彩的鳥兒愈飛愈高，看起來就像尊貴的王者。有時，你幾乎覺得自己乘著風箏遨翔在天空中。

你緊盯著風箏。突然之間，你忘了風箏的繩索，覺得風箏變成一隻活生生的鳥兒。牠讓你爬上牠的背，牠拍著翅膀往上飛，直達雲霄。沙灘在你的腳下，離地面愈來愈遠，玩水的人兒都變成一個一個的小黑點，好像螞蟻一樣。鳥兒帶著你繼續飛，飛過海岸旁的城鎮，飛向想像國度。你回過神來，發現自己仍然站在沙灘上，手中還握著你的新風箏。難道，這一切全是你的想像嗎？

對孩子說故事時，親子共享片刻的寧靜，放鬆身心。

創意激發活動

透明的冰塊看起來平凡無奇。不過，只要動動腦筋，就能做出創意冰塊；加進飲料裡，還能帶來活潑歡樂的氣息。你可以在生日派對時準備這種特別冰塊，一定會讓賓客大開眼界！或者加進調酒、特調飲料，也可以放進開水裡，為透明的水增加一點色彩。你還可以找一天和孩子辦場火星人晚餐會，用奇異果汁做出綠色冰塊，再加進用薄荷糖漿做成的飲料裡，是不是很有外星人的氣氛？小朋友很喜歡在廚房東摸西摸，也很喜歡創造有趣的東西，本活動正好滿足了小朋友的這兩種需求唷！

✂ 奇幻冰塊

- 只要在做冰塊時，加入一些東西，就能做出獨特的冰塊。你可以請小朋友把水果切成小塊狀，放進一格一格的冰塊盒裡，再請大孩子在冰塊盒裡倒滿水，放進冷凍庫。冰兩個小時即可。

可根據不同季節、不同場合、派對主題、小朋友的喜好等，決定在冰塊裡加哪些東西。

- 夏天時，市場、花園都可以看到各式各樣、色彩鮮艷的水果，比如草莓、櫻桃、覆盆子、醋栗果、桑葚……等等。冬天的水果種類比較少，但也一樣美味好吃。你可以選擇柑橘類的水果放進冰塊裡，如一小片柑橘，或切片檸檬，也可以加入一片薄荷葉或一小塊奇異果。除此之外，還可以放上軟糖，或用水果乾來取代新鮮水果！

♡ 生日冰塊

小朋友生日時，不妨把水果換成迷你玩具，放進冰塊盒裡，做成玩具冰塊。當孩子看到玩具冰塊在飲料裡浮浮沉沉、慢慢融化，一定會興奮得不得了，恨不得趕快把玩具撈出來玩！

只要將果汁或水果糖漿倒入冰塊盒裡，就能做成顏色均勻的彩色冰塊。

小鳥先生

讀這首雨果（Victor Hugo）的小詩給孩子們聽，請他們依照詩的內容作畫。若孩子年紀尚小，不妨多唸幾次，幫助他體會詩的情境。

小鳥先生們，
盤子裡的剩菜都已倒在這兒，
快叼走散落的麵包屑，
讓貓兒只能啃骨頭。

小鳥先生們，
快把碗裡的東西都吃光，
讓老鼠太太們
躲在洞穴裡挨餓吧！

雨季來了，
麵包已經放在餵食器裡，
小鳥先生們，
快來飽餐一頓吧！

蒙特梭利工作坊

本單元的主旨是透過簡單的實驗，讓小朋友進一步認識液體，了解在相連的容器中，倒入或多或寡的水後，會發生什麼事，藉此了解身邊的世界。

水的移動：自製連通器

準備工作

材料：

- 把兩個塑膠空瓶從中間切開，做成兩個水杯。
- 一小段透明水管
- 一個水壺，裡面裝滿有顏色的水

❶ 把所有的材料都放在桌上。

❷ 把有色的水倒進兩個水杯中，一杯的水較多，另一杯的水較少，讓水位有明顯的高低。

❸ 把水管的兩端分別插進兩個水杯中。

❹ 拿起水管的一端放進嘴巴，吸氣讓水進入水管中，接著把水管放回另一個水杯裡。

❺ 和孩子一起觀察水的移動。此時，水會從水管流進另一個水杯裡，當兩個水杯裡的水位達到一致後，水就會停止移動。

❻ 請孩子自己試做一次。

❼ 改變水杯內的水量，重複實驗數次。

❽ 請孩子把他觀察到的現象，紀錄在筆記本裡並附圖說明，看看孩子有哪些發現。

> 不用向孩子解釋這個現象的原理，對幼童來說，光是觀察液體的流動方式就很有趣了。
>
> 若家有年紀比較大的兒童，你可以針對他們提出的問題，詳細解釋液體流動的道理。

瑜伽——冥想時間

專心印（Akini-mudrâ）

❶ 把雙手的五指指尖併攏，同時保持手指和手掌分開。

❷ 把雙手放在大腿或膝蓋上。

益處

專心印能促進左半腦與右半腦間的連結順暢，加強認知能力，幫助腦部運作，同時增長記憶力。

和孩子結手印時，請先溫柔地示範，再讓孩子跟著做。

創意激發活動

和孩子一起張大耳朵，仔細聆聽周圍的各種聲音。許多聲音其實是環境噪音，有的聲音很低沉，有的很嘈雜，很多都是外界產生、我們無法控制的聲音。不過，也有些噪音是我們自己造成的！當你和小朋友一起辨認各種聲音的來源時，也會發現自己製造了哪些噪音，學習如何減少噪音。大人小孩一起控制音量和噪音，才能減少衝突，一同創造靜謐怡人的生活環境，讓每個人都更自在。

✂ 噓！多安靜呀！

- 日常生活中充斥著各種形形色色的聲音，有些聲音我們無法控制，但有些聲音，只要我們稍微留心就能避免，比如：甩門聲、用餐時餐具的碰撞聲、匆匆忙忙的腳步聲、喊叫聲……等等，都是人為造成的聲音。一開始，先和小朋友一起傾聽身邊有哪些聲音，並想一想，我們能不能阻止它們。

年紀小的幼童還不太會控制自己的行動與音量，因此對他們來說，本練習是有難度的。

- 給小朋友簡單明確的指令，比如：「回到家就把鞋子脫掉。」、「當你在房間裡扮消防隊時，記得把門關上。」

若小朋友的年紀比較大，改變生活習慣是很有趣的挑戰。

- 提醒孩子們聽音樂時，要把音量降低。不只如此，請他們盡量安靜地做各種日常行為，比如：刷牙時，把水龍頭關掉，就能停止嘩啦嘩啦的水聲，還能節省水資源。不管是拿碗盤或收碗盤，都要輕拿、輕放，避免發出碰撞的聲音。打字時放輕動作、輕輕關門等等，都能減少嘈雜的噪音。

♥ 當孩子的楷模

小朋友會模仿爸爸媽媽的行為，因此，你也要隨時輕聲細語，注意自己的行動是否造成太多聲響。你可能得放輕腳步，不要跑來跑去。在繁忙的生活中保持動作輕盈並不容易，但好處多多，家中的氣氛會更和諧喔！

蒙特梭利工作坊

本單元分為兩項親子活動,幫助小朋友了解不同元素的特性。透過這些活動,小朋友能進一步了解物體的特質。給孩子充分的時間觀察,慢慢從反覆實驗中,自行找出實驗達成的結論。

空氣與水

活動一的準備工作

材料:

- 數根火柴
- 一支蠟燭(請選擇低矮的蠟燭)
- 一壺水
- 一個小碗
- 一個玻璃杯

❶ 把材料一一放在桌上。

❷ 把蠟燭放在小碗中。

❸ 在小碗中倒一點水,不要蓋過蠟燭。

❹ 用火柴點亮蠟燭。

❺ 用玻璃杯把蠟燭罩住,倒扣在碗裡。觀察接下來的幾秒鐘會發生什麼事。蠟燭會突然熄滅,而玻璃杯裡的水會上升喔!

❻ 請小朋友照著你的示範,自己實驗看看。

活動二的準備工作

材料:

· 找一個熱源,比如,點亮一根蠟燭,或打開暖氣。

· 螺旋形的紙。

· 一根織毛線的棒針

❶ 把蠟燭點亮,或坐在暖氣機前面。

❷ 把螺旋形剪紙的中心點黏在棒針的尖端。

❸ 把棒針靠近熱源,觀察會發生什麼事。注意,如果使用蠟燭,不可讓紙片接觸火源太近,以免燃燒起來。

❹ 螺旋會開始繞著棒針旋轉喔!因為熱空氣上升、冷空氣下降的特性,讓螺旋旋轉了起來。

❺ 請孩子照著你的示範,自己做看看。

❻ 接著,請小朋友把觀察到的內容,紀錄在筆記本裡。鼓勵他們畫圖說明,寫下他們從觀察中得出的結論。

瑜伽

 背部前曲伸展坐式（Paschimottanasana）

①坐在地上，雙腿往前伸直。

②雙腳併攏，腳趾往上。

③一邊吸氣，一邊把雙手舉高。

④一邊吐氣，一邊將身體向前彎，手指盡量摸到大拇趾。

⑤如果可以，讓前額碰觸你的膝蓋。如果彎不下去，也沒關係，不用勉強自己。

⑥保持這個姿勢，從一數到三。

⑦一邊吸氣，一邊舉起雙臂，抬起上身。

⑧一邊吐氣，一邊把雙臂放下來。

益處

背部前曲伸展坐式能促進背部肌肉的血流順暢，伸展從後頸到腳跟的所有背部肌肉和腿後腱（大腿後方的肌肉）。同時，本姿勢也能平靜身心，減輕壓力。

①

②

③

④

⑤

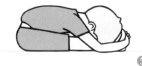
⑥

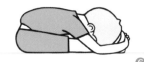
⑦

⑧

🗨 舒緩身心的說故事時間

冬天來了

孩子，好好地躺下來，放輕鬆。你發現白天愈來愈短，下午才過沒多久，天色就已經暗了下來。天氣變得愈來愈冷。你覺得冬天的腳步已經到了。雖然冬天很冷，但冬天來了就代表聖誕節快到了，你會收到好多禮物，還可以去滑雪。快呀、快呀，你迫不及待地套上靴子，穿上厚厚的大衣，戴上帽子，圍上圍巾。最後，別忘了戴上手套唷！

放假了！你打算去滑雪。你把滑雪用的雪衣、雪靴和冰鞋都放進行李箱裡。終於，你期待已久的出發日到了。一大早，你就起床趕去搭火車。經過漫長的旅程，你終於抵達目的地。你一心只想趕快滑雪，但你得等到明天才能上山滑雪。那現在該做什麼呢？當然是玩雪橇囉！其實，這不是真的雪橇，而是一個大塑膠盤，不過可以坐得下一個人，還有手把呢！你爬到山坡上，坐進雪橇裡，開始啦！你盡情地滑下山坡，髮絲在空中隨風飛揚；愈滑愈快，當雪橇滑到山底時，你整個人趴倒雪地上，還滾了好幾圈；實在太好玩啦！

你看到旁邊站著一個男孩和一個女孩，他們沒有雪橇，只能一臉羨慕地看著你玩。你不希望他們難過，所以你邀請他們一起來玩，三個人輪流滑雪橇。每當雪橇滑到山底時，每個人都用各種奇怪的姿勢讓雪橇停下來，實在太好玩了；三個人哈哈大笑，玩得樂不可支。一下子，你就交到了新朋友。他們告訴你，他們也才剛來度假，而且會在這裡住一週。

隔天，你和兩個新朋友一起搭纜車去山頂。纜車把你們送到綠色滑雪道的頂端。出發啦！你率先滑下去，兩個朋友緊跟在你身旁。滑雪實在太好玩了！你有時加速，遇到障礙時小心閃避，繞過一支又一支的小旗子。有時，兩位朋友超越了你，有時你超越他們；從山上一路往下滑，三人各有輸贏。你和新朋友共度了一個美好的假期。然而，很快就來到了假期的最後一天，你們不得不分離了，但你們約定明年再見，到時一定要創造新回憶！

對孩子說故事時，親子共享片刻的寧靜，放鬆身心。

創意激發活動

果昔的英文名稱「smoothie」指的是滑順的口感，這就是果昔的特徵。軟軟滑滑的果昔一入口，就讓人心情愉快。爸爸媽媽何不帶著小朋友一起製作果昔？全家人一起享用新鮮的自製果昔，不但喝到滿滿的維他命，又不會攝入過多的糖份，健康滿分！果昔的作法很簡單，只要按照時令，挑選當季的水果即可。當你們熟悉果昔的作法後，小朋友一定會動動腦，想出更多樣化的口味！

✂ 鮮果昔

準備工作（可依時令而自行變化食材）

材料：

- 一根香蕉（當基底）
- 當季的水果，兩、三種
- 半公升的脫脂牛奶
- 數塊冰塊（夏天時飲用可增添清涼感）
- 一茶匙的蜂蜜（如果不夠甜的時候，才需要加蜂蜜）

香蕉會帶來綿密的奶昔口感，因此，大部分的果昔都以香蕉為基底。

❶ 先把水果削皮、去核後，放進攪拌器，加入脫脂牛奶，一起攪拌。如果天氣很熱，可加一些冰塊一起攪碎。香蕉會帶來綿密的奶昔口感，因此，大部分的果昔都以香蕉為基底。

❷ 你可以依據個人喜好，隨興地搭配各種水果，創造不同的口味。不過，如果小朋友年紀還小，先準備比較甜、不酸苦的水果來做果昔。

❸ 不要混和太多種水果，以免味道都混在一起了，嚐不出每種水果的獨特滋味。

❹ 水果有其自然的甜味，不一定要再增加甜味。但如果你喜歡甜一點的滋味，可以加一匙蜂蜜。

變化一下

可以把脫脂牛奶換成半脂牛奶、原味優格、豆奶、椰奶或鮮奶油來改變味道。有時，你也可以換成柳橙汁或蘋果汁，讓水果風味更濃郁！

♥ 要用果汁機？還是攪拌器？

製作果昔的最佳器材，非果汁機莫屬。果汁機能把果肉均勻的攪碎，完美地混合液體與固體。不過，如果家中沒有果汁機，也不用特地去買一台。只要攪拌器的威力夠、配有金屬刀頭即可。

冬天時，可以用冷凍水果來做果昔唷！

彩色曼陀羅

使用活潑的暖色系來著色,如:紅色、黃色、粉紅色。

請**幼童**把花瓣的部分留白,只要塗滿圓圈部分即可。根據小朋友的程度,請他輪流上色,確保每個相鄰區塊的顏色沒有重複。

如果是年紀大一點的**兒童**,請他由深到淺,並由內而外,來上色。在中間塗上最深的顏色,最外圈塗上最淺的顏色。

若家有**大孩子**,一樣請他由深到淺、由內而外來上色,但不要一口氣塗滿顏色,而是在區塊裡畫滿某種圖案,比如:斜線、虛線、星形、心形等各種圖案。

蒙特梭利工作坊

本單元的兩個小活動都跟水壓有關，也是讓小朋友玩水的好時機！

瑪麗亞‧蒙特梭利女士說：「當你激發孩子的潛能時，你們就能一起改變世界！」

✋ 認識水壓

活動一的準備工作

材料：

- 一壺水
- 一個玻璃杯
- 一張比玻璃杯的杯口大的厚紙板

❶把所有材料放在桌上。

❷把水倒入玻璃杯中，倒滿為止。你會發現，水位線會超過玻璃杯的邊緣，在玻璃杯上面形成微微凸起的拱形。

❸把厚紙板蓋在玻璃杯上，立刻倒轉玻璃杯並倒放在桌上。瞧瞧發生了什麼事：厚紙板緊緊黏住杯口，一滴水都沒有漏出來！

❹請孩子照著你的示範，自己實驗看看。

活動二的準備工作

材料：

- 一壺水
- 一個玻璃杯
- 幾枚硬幣

❶把水倒入玻璃杯中，倒滿為止。

❷把一枚硬幣丟入玻璃杯中，接著再丟幾枚硬幣進去。

❸你發現了嗎？水並沒有溢出玻璃杯。

❹請孩子照著你的示範，自己實驗看看。

❺兩項活動結束時，請小朋友把觀察到的現象紀錄在筆記本中，並畫圖說明他看到一切，寫下他的感想。

瑜伽──冥想時間

勇氣印（Ahamkara-mudrâ）

① 輕輕彎起食指，拇指指尖碰觸食指第一節指節的外側。

② 伸直另外三指。

③ 將雙手放在大腿或膝蓋上。

益處

勇氣印能增加自信心，減少恐懼與改善羞怯的個性。梵文的ahamkara指的是以自我為重、感到自豪與具備自我意識。

和孩子結手印時，請先溫柔地示範，再讓孩子跟著一起做。

創意激發活動

從週一到週五，不管是在家裡還是在別的地方，總是有做不完的事。每個人的行事曆都排滿了該做的工作或功課，這是人生的現實面。因此，我們得好好利用週末放鬆身心，逃離忙碌的日常生活。跟小朋友說，今天是不看時鐘、不需要趕時間的一天，把手錶都收進衣櫃裡，關掉手機裡的鬧鈴，也不要偷看烤箱或微波爐上的時間。沒有行事曆的一天，就是不趕時間、沒有待辦事項、盡情放鬆的一天，小朋友一定很喜歡這種感覺。一天之後，全家大小的身心都獲得充分休息。

✂ 沒有時鐘的一天

❶ 前一天晚上睡覺前，記得關掉所有的鬧鐘。

❷ 讓大家盡情地睡懶覺。醒來後，你可以請小朋友到主臥房裡，和你一起躺在床上，聽你讀故事書。

❸ 在廚房裡準備一些涼拌菜或沙拉，做成冷食自助吧；肚子餓的人可以隨時進廚房拿東西吃。這樣悠閒又隨興的用餐方式，一定會讓小朋友開心得不得了！

❹ 不要窩在家裡一角做自己的事，邀請全家人圍在桌前談天說地。不用管是不是每個人都有吃東西，讓每個人自行決定他要不要吃東西。

❺ 跑出門去，看看太陽的位置，來猜測現在的時間，用大自然的韻律來過這悠閒的一天。

♥ 忘卻時間

很多人會因不知道正確時間而心神不寧，說不定你也會很不習慣。但只要度過幾次沒有時鐘的週末，你就會發現，就算不知道時間，你也會把該做的事做完，沒什麼好擔心的。我們不需要時鐘，也能度過充實而愉快的一整天，而且你會發現，放慢腳步過日子有許多好處。過一陣子後，你就會了解該如何放鬆心情，隨機應變。

蒙特梭利工作坊

本實驗讓小朋友進一步了解液體的特質，並認識地心引力如何影響液體的流動。本活動的原理和第三十七週的連通管原理相同，把氣體從水管中吸出後，液體就會順著水管流動。

愛因斯坦說：「經驗是知識之本。」

認識虹吸原理

準備工作

材料：

- 一壺水
- 三個水盆
- 兩個透明水管

❶ 用不怕水的物體，把三個水盆墊高，形成高、中、低的位置。比如：塑膠椅、木板凳。

❷ 在位置最高的水盆裡倒入水。

❸ 用一條水管連接位在高處和中間的水盆，再用另一條水管連接中間和低處的水盆。

❹ 將第一條水管的一端放進位在高處水盆的水中，拿起水管的另一端放入口中，深吸一口氣，再把水管口放回中間的水盆裡，觀察發生了什麼事。

❺ 高處水盆的水慢慢全流進了中間的水盆裡。你拿起第二條水管，一端放在中間臉盆的水中，一端就口，吸一口氣，把水管中的空氣吸出來，再放回低處的臉盆裡。中間水盆的水就流進低處水盆裡了。

❻ 請孩子照著你的示範，自己實驗看看。

請小朋友在筆記本中，紀錄下他觀察到的一切現象及透過實驗得出的結論，並畫圖說明他觀察到的細節。也可以請他寫下他覺得最有趣的事情，或者寫下心得感想。

♥ 地心引力

要如何跟小朋友解釋什麼是地心引力呢？你可以把不同東西往下丟，請孩子觀察，當你鬆手時，東西往哪個方向掉下？是不是用同樣的速度掉下來？你可以跟小朋友說，地心引力就是把物體往地面拉的力量。

瑜伽

坐角式（Upavistha Konasana）

❶ 坐在地上，雙腿併攏，往前伸直。

❷ 把雙腿往左右兩邊打開，膝蓋不要彎起來。

❸ 一邊吸氣，一邊把雙手舉高。

❹ 慢慢吐氣，上半身往前彎，雙手向兩邊伸向腳趾，試著碰觸大拇趾。

❺ 柔軟度好的人，額頭可以碰到地面。但如果碰不到，也不用勉強。

❻ 保持靜止，從一數到三。

❼ 緩緩吸氣，挺起上半身，同時把雙臂往上舉高。

❽ 重複三次。

益處

坐角式能伸展下背部和大小腿的肌肉，同時能強健髖部與肩膀的關節。

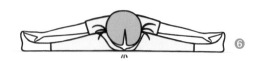

176

舒緩身心的說故事時間

下雪了

孩子，好好地躺下來，放輕鬆。想像一下，冬天來了，而你一直在等待下雪，但你等了好幾個禮拜，卻等不到下雪。天氣愈來愈冷，白天愈來愈短，但一直沒有下雪。有一天早上，你起床後，終於發現窗外變成一片銀白世界，周圍的一切都被一層厚厚的雪蓋住了。鄰居的房子、樹林、狗屋、停在路旁的車子，全都藏在雪下面。雪的世界又白又靜謐。

你只想做一件事，就是立刻跑出去玩雪。你三步併作兩步跑下樓，立刻衝到花園裡，一踏出去，你就聽到靴子陷進雪裡的聲音。雪很柔軟，在雪地上奔跑真是好玩極了。你一邊跑，一邊看著自己踏在雪地上的腳印。突然，你發現有個又柔軟又冰冷的東西落在你的背上，原來是一個雪球。是誰向你丟雪球？你張望著四周，但是沒看到半個人影，太奇怪了！你一邊東張西望，雙手一邊也揉起一顆雪球。哎呀，就在那裡！你看到了！你看到樹叢後面有一雙靴子，接著你看到對方穿著藍色的外套，你認出來那是你的好朋友的外套。你假裝沒有發現他的蹤跡，慢慢地往樹叢走過去。你猛然跑了起來，並朝他用力丟出雪球。朋友急忙轉身，但來不及了，你的雪球落在他的鼻子上。兩個人哈哈大笑。他沒有空手來，他帶著一個雪橇來找你。你們決定去公園裡玩雪橇，因為那兒有一個陡坡，滑起來一定很好玩。你們輪流拖著雪橇，很快就來到公園。

你們說好，第一輪由你先玩。首先，你得拖著雪橇爬到山坡上，爬上去之後，你把雪橇放好，坐進雪橇裡。你準備好了，好友在山坡下跟你揮手，叫你趕快滑下去。他看起來好小呀！你用雙腿划動雪橇，才一轉眼，就飛快地往山坡下滑。雪橇滑得愈來愈快了，風吹過你的頭髮，連你的軟帽也飛了起來，落在你的身後。滑雪橇真是好玩極了。等到你滑到底部，就換你的好友上山了。你們輪流玩了好幾個小時，到了回家的時間，兩人約好明天再來公園玩雪。

對孩子說故事時，親子共享片刻的寧靜，放鬆身心。

創意激發活動

小朋友喜歡到處發掘新事物,但有時他們得仰賴爸爸媽媽的指引,才能學習新知。你得幫助他們抓緊機會去看、去聽、去感覺,增進他們的好奇心,鼓勵他們提問。孩子會觀察爸爸媽媽的行為舉止以及與環境的互動,自然而然地學會該怎麼做。一家人一起出門遠足會讓小朋友展現驚人的學習力,因為人在野外時,五感會變得格外靈敏。此時,你就能刺激小朋友,鼓勵他們體驗大自然。

✂ 探索大自然

在出門前,別忘了準備幾個塑膠袋。這樣在路上採集野果時,才能裝進袋子裡保存。除此之外,也可收集一些花草、石頭,回家後就能做出地景藝術品(請參見第十七週的創意激發活動)或手工藝品。不管年齡大小,每個人都會著迷於變化多端的大自然。你只要根據小朋友的年紀,安排適合他們的遊戲或活動即可。

若家有幼童,簡單的小活動就會讓他們十分開心,比如收集葉子、採栗子和橡實。

若小朋友的年紀比較大,那就一起在地上、茂密的灌木叢與樹林間尋找動物的蹤跡。

仔細看看地上,尋找動物的腳印或螞蟻窩,或者看看樹枝間是否藏著鳥窩。請小朋友準備好紙筆,把紙放在樹皮上,用力地用炭筆來回的畫,就能在紙上描出樹皮的紋路;請孩子挑選這棵樹的一片葉子並收集起來。小朋友描繪了很多種樹皮,同時一一收集它們的葉子,就能完成一本小小的植物圖鑑唷!

❤ 動動鼻子,聞聞看!

玩個有趣遊戲吧!把孩子的眼睛蒙住,帶他們到各種不同的樹木前,讓他們聞聞樹皮、樹葉和樹液的味道。接著請他們選一棵「最好聞」的樹。選好後,把蒙眼布取下來,看看他最喜歡的是哪一種樹。

珠珠項練

把下面的繩子想像成一條項鍊，幫它串上各種五彩繽紛的珠子。這是個放鬆身心的畫畫練習。

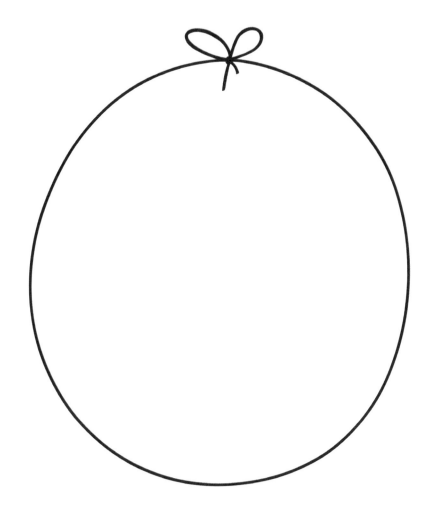

讓年紀小的**幼童**沿著繩子，畫上各種顏色、大小不一的珠子。也可以把珠子排成有趣的圖案唷！

請年紀比較大的兒童和大孩子，運用他們的幾何能力，畫出左右或上下對稱的珠珠項鍊。他們可以讓珠子的排列位置、形狀或顏色對稱。

若小朋友的想像力很豐富，鼓勵他們畫出花朵和糖果串成的項鍊！

蒙特梭利工作坊

蒙特梭利活動一直以增進小朋友對周圍世界的認識為主旨。這個活動能讓小朋友認識電與電流的關係。小朋友一定已經知道，不管在家裡還是外面，我們的生活環境裡總少不了電。說不定，他也知道有了電，燈泡才會亮。或者，他知道某個玩具必須裝上電池才會動。配合本活動，你也能告訴孩子，電有哪些危險性。

認識電

準備工作

材料：

- 一個螺旋型底座的電燈泡
- 一個4.5V的電池
- 細電線二條
- 開關一組
- 一個籃子，裡面裝滿各種能通電和不通電的物品

❶ 拿起電池和燈泡，讓孩子把玩一下，仔細觀察。

❷ 把電池放在桌上。把兩條電線的一端固定在電池的正負極上。

❸ 接著把兩條電線的另一端接到燈泡底部，觀察發生了什麼事。電燈是不是亮了起來？

❹ 把開關用電線連接在電池和燈座之間。當你按下開關時，就能控制燈泡的明滅。

❺ 把開關拿走，將裝了各種物品的籃子拿過來。

❻ 從籃子中拿出一個物品（也許是鐵、木頭、塑膠或布料）。用電線連接電池、物品和燈泡，看看會發生什麼事？

❼ 如果燈泡亮了，就跟孩子說，這個東西可以導電。若燈泡不亮，就跟孩子說，這個東西不導電。

❽ 根據導不導電的特性，把籃子中的東西分成兩堆。接著請孩子自己實驗看看。

❾ 你可以跟孩子解釋，當燈泡不亮時，就代表電路斷了。當燈泡發亮，就代表電路通了。

瑜伽—冥想時間

合十印（Anjali-mudrâ）

➊ 盤腿坐下。

➋ 把雙手舉高到心臟的位置，並將掌心併攏。

➌ 雙眼直視前方，雙背挺直，雙肩放下。

➍ 前臂與地面保持平行。

➎ 雙手不要倚在胸前。

益處

合十印能減輕壓力和心理的焦慮感，讓心情平靜下來，同時也能刺激人體產生和平與愛的感覺。當你的雙手手指同時施壓時，有益全身健康狀況。

和孩子結手印時，請先溫柔地示範，再讓孩子跟著做。

創意激發活動

雖然我們看不到風的形體，但風會吹動樹枝和雲朵，拂過你的髮際、撫摸你的雙頰。在大太陽下曬床單時，風會把床單吹得漲起來。和孩子一起做個小風車，幫助小朋友進一步了解風，掌握風的動向，猜猜風往哪兒吹。小風車可以插在盆栽間當裝飾品，也可以帶到公園的花圃裡，小朋友一定會盯著轉不停的風車看。如果風沒有來，那就請孩子化身為風神，先輕輕吹氣，再用力吹，看看風車的轉動方式如何改變。

✂ 漂亮的紙風車

製作紙風車

材料：

- 準備一張有點厚度的正方形色紙
- 一根木棒（扁平筷子最佳）
- 一根大頭釘
- 剪刀
- 彩色筆或彩色鉛筆

❶ 開始做風車前，先請小朋友在方形色紙畫上漂亮的圖案。

❷ 把方形色紙沿對角折兩次，在紙上留下兩條對角線的痕跡。

❸ 用剪刀從四個角沿著對角線往中心點剪，只要剪到中心點和四角的中間點即可。

❹ 現在色紙上有八個角，把一個角往中心點彎，下一個角不動，再下一個角再往中心點彎……依照這樣的順序，做出風車的螺旋葉片。注意不要用力折，保持紙的彎曲弧度。

❺ 用大頭釘穿過中心點，再固定在木棒上，就完成一個可愛的紙風車了！記住，不要釘得太緊，不然風車就轉不起來了！

❻ 你得先找出風從哪兒吹過來，才知道風車要往哪兒放。請小朋友沾一點水在指尖，當風吹過時，看手指哪一面比較涼，風就是從那兒吹過來的！很聰明的辦法吧！

♡ 小祕訣：

用大頭針固定時，很容易就把紙戳得破破爛爛。可先用膠帶包住大頭針的針尖，再刺進風車的中心點。

當風車隨風轉動，或你吹動風車時，色紙上的圖案也會不斷旋轉，好看極了！

蒙特梭利工作坊

蒙特梭利教學法的科學教學中，有一個稱作「偉大的故事（Grands Récits）」的單元，結合故事敘述和實際體驗，教小朋友理解地球生態環境和宇宙萬物的同時，也認識人類歷史，讓孩子發展出融會貫通的世界觀。「偉大的故事」共分成五大部分，來引導小朋友做各種觀察與實驗。本活動擷取講述宇宙與地球起源的第一部分，教小朋友認識固體、液體與氣體。

固體、液體與氣體

準備工作

材料：

- 一小塊木片
- 一小壺水
- 三支試管
- 一個試管架
- 三張標籤，第一張寫「固體」、第二張寫「液體」、最後一張寫「氣體」。

❶ 把三支試管放在試管架上。

❷ 請小朋友把小木片放進第一個試管裡。

❸ 請小朋友在第二個試管中倒入水。第三個試管讓它保持是空的。

❹ 請小朋友把三張標籤分別放在三支試管的前面。

❺ 如果小朋友已經認識字，就讓他自己決定哪張標籤要放在哪支試管前。如果小朋友還不會認字，那麼你就先跟他解釋標籤上寫了什麼。小朋友可能不完全了解每個詞彙的意思，先從他熟悉的詞彙開始解釋，慢慢引領他把標籤放在相符的試管前面。

❻ 結束實驗後，請小朋友把觀察到的結果紀錄在筆記本中。

瑜伽

船式（Navasana）

① 坐在地上，雙腿伸直，雙腿併攏。

② 彎起膝蓋，將膝蓋靠近胸前。

③ 雙臂往前舉起到膝蓋的高度。

④ 身體輕輕往後仰。

⑤ 雙腿往上伸直，雙手往前伸直，讓上半身和下半身形成 V 字形。

⑥ 正常呼吸，並保持 V 的姿勢數秒鐘。

⑦ 回到姿勢三，保持屈膝坐姿。

⑧ 最後，伸直雙腿。

⑨ 重複三次。

益處

船式能強健背部、腹部和髖屈肌，同時增加平衡度和專注力。

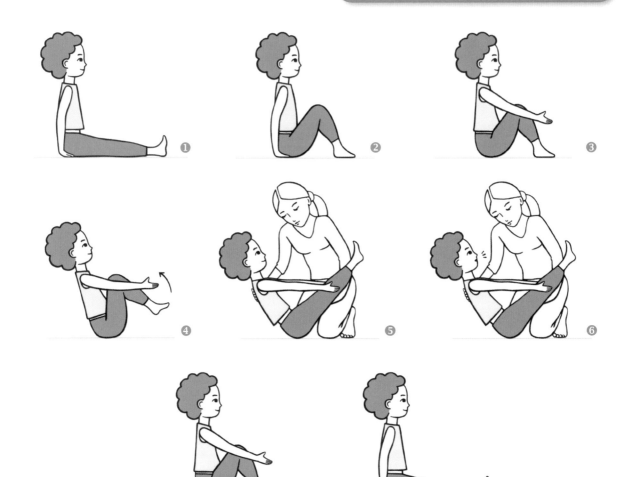

舒緩身心的說故事時間

雪人

孩子，好好地躺下來，放輕鬆。一天早上，窗外耀眼的光芒驚醒了你，原來夜裡下了一場大雪，厚厚的白雪反射著早晨的陽光，顯得格外刺眼。你看到住在隔壁那個常和你一起玩的男孩，已經在院子裡忙著堆雪人。你立刻衝出門去。一開始，你先把雪揉成一個小球，再把球放到地上將雪球愈滾愈大。慢慢地，雪球變得跟你一樣高了。你把雪球滾到一棵樹下。接著，你做第二個小雪球，當做雪人的頭。你向大人借了一把凳子，然後捧著小雪球踩上凳子，把小雪球堆在大雪球上面。現在，你只要再找一根紅蘿蔔來當雪人的鼻子，兩個大球來當雪人的眼睛，一條圍巾，一頂帽子，最後再跟爺爺借他的煙斗，神氣的雪人就做好了！

你和好朋友玩得不亦樂乎，一天很快就過去了。到了晚上，你在上床睡覺前，從窗戶看到雪人依舊靜靜地站在大樹下。你一進入夢鄉，就聽到有人在敲門。你打開門，居然是雪人！他從樹下走到你的房門，而且在地上留下一灘灘的水漬，原來那是雪人的腳印。你趕快讓雪人進入你的房間，深怕爸爸媽媽看到地上的水漬會罵你一頓。雪人說他想當你的朋友，而且他還想帶你環遊世界，報答你創造他的恩情。他請你拿出一塊地毯鋪在地上，並請你坐在地毯上。接著，他也坐上地毯。

突然之間，地毯飄了起來。窗戶打開了，地毯載著你和雪人飛向天空。你們一起飛離家鄉，你看到熟悉的街道、房子、車子和樹林都愈來愈小，離你愈來愈遠。很快地，你們飛過森林，飛過知名的大城市。你們飛越許多河流，在大湖與高山之上盤旋。雪人帶你前往他的家鄉，也就是北極。地毯慢慢地降落在北極雪國。你們抵達了雪人村，到處都是餅乾和糖果建成的可愛小屋。雪人帶你認識他的朋友，你們共度了快樂的一晚。可惜，夜晚很快就結束了，你們得趕緊回家，不然太陽就要升起來了。你有點傷感地坐上地毯，踏上歸途。當你們回到花園後，你和雪人告別，趕緊上床睡覺。

天亮了，耀眼的陽光照亮你的臉龐，你醒了過來，回想起夜裡的旅行。你趕緊跑到花園，但樹下空空如也。雪人呢？原來雪人站在屋子旁邊。太神奇了！難道昨晚的北極行並不是一場夢？你真的和雪人乘著地毯環遊世界了嗎？

對孩子說故事時，親子共享片刻的寧靜，放鬆身心。

創意激發活動

有時，小朋友的房間簡直像一座垃圾場！若想讓孩子有個舒服的地方睡覺、玩遊戲，讓大孩子有地方寫作業，就得時不時來場大掃除才行。可是，一講到大掃除，孩子們就唉聲嘆氣，個個愁眉苦臉。此時，爸爸媽媽不妨辦場新奇好玩的「髒亂大競賽」！小朋友一開始一定想不通爸爸媽媽的葫蘆裡賣的是什麼藥，於是在不知不覺間就把髒亂的房間整理好了。當房間收拾得整齊乾淨後，大家一定都很有成就感！

✂ 髒亂大競賽

❶ 規則很簡單，第一步就是把房間搞得亂七八糟！把房間裡的各種玩具、玩偶、紙團，甚至髒襪子，都堆到房間中央，接著拍下一張紀念照片。如果家裡有好幾個孩子，此時可以比比看誰的房間最亂。

♥ 玩具市集

若家中有一個以上的小孩，那就辦一場玩具交換市集。請他們把願意交換的玩具放在自己的房間門口，大家七嘴八舌地達成交易，每個人都有新玩具可玩。

❷ 接下來，為每個人分派不同任務，組成清潔大隊。大家分工合作，一起打掃每一間房間，不但省時省力又很好玩。而且，氣氛愈熱鬧，大家的效率就愈好。每個人都拿一個垃圾袋，把壞掉的玩具、紙團、沒用的東西丟進垃圾袋裡。你可以請每個小朋友各自負責整理一種玩具，給每個人一個盒子，請他們把同一種玩具收集在盒子裡。請大孩子把弄亂的拼圖收進盒子裡，並把其他玩具分門別類收拾整齊。

❸ 整理房間時，播放好聽的音樂，一邊唱歌一邊清理，會讓氣氛更活潑愉快喔！整理完後，別忘了邀請大家喝杯清涼飲料、慶祝一下，聊聊辛苦一天的感想！

🖐 正片與負片

若家有**幼童**，請小朋友選用兩種不同的素材，分別幫上面的兩幅圖著色。比如：色筆、彩色鉛筆、粉蠟筆、水彩顏料……等等。

請大一點的**兒童**挑戰比較難控制的畫具來著色。

請**大孩子**用黑、灰、白三色，來幫左圖上色，創造像底片一般的效果。接著，左圖畫上黑色的地方，在右圖畫上白色。左圖灰色的地方，也在右圖畫上灰色。左圖畫上白色的地方，在右圖畫上黑色。這樣一來，右圖就成了正片。這是一個耗神費力的練習，小朋友一定要很專心才能畫得好。

蒙特梭利工作坊

蒙特梭利教學法很重視地理教育。孩子們一定要認識人類居住的環境，透過五感來了解地球。爸爸媽媽先從大範圍的事物開始教小朋友，再一步步縮小範圍，深入學習各種不同領域的知識。漸漸地，小朋友就能了解地球的奧妙。我們鼓勵小朋友發揮想像力、展現旺盛的求知欲，一步步吸收新知。孩子愈了解地球，愈會珍惜地球，保護我們共享的生態環境。

✋ 探索地球

準備工作

材料：

- 一幅世界地圖
- 七個盒子
- 彩色筆、水彩或顏料
- 準備七大洲的相關報導、圖片或紀念品
- 幾張色紙

❶ 根據下面的指示，在地圖上用色筆或顏料來著色。顏色能夠輔助小朋友記住各洲的位置。對年紀小的幼童來說，彩色的地圖會幫助他們進行下面的活動。

歐洲：紅色

亞洲：黃色

非洲：綠色

北美洲：橘色

南美洲：粉紅色

大洋洲：褐色

南極洲：白色

❤ 想要更進一步，可以這麼做……

你可以述說各地的傳說、故事，聽聽傳統民俗音樂來幫助小朋友增廣見聞。你也可以辦一個主題派對，大家一起穿上某一洲的傳統服裝，或者一起下廚，動手煮各洲的名菜，在餐桌上環遊世界。

❷ 現在來製作各洲專屬的盒子。用符合七大洲顏色的色紙來包裝七個盒子，做出紅色的歐洲盒、黃色的亞洲盒、綠色的非洲盒、橘色的北美洲盒、粉紅色的南美洲盒、褐色的大洋洲盒和白色的南極洲盒。

❸ 在每個盒子中，放入那一洲的相關物品，比如：當地的日常用品、照片、貨幣、明信片、郵票、國旗、人偶、迷你塑膠動物玩偶……

❹ 如果你沒有太多當地的物品，可以從網路上搜尋相關圖片，然後印出來，再放進各洲的盒子裡。記得準備和文化相關的圖片，比如建築物的樣式、特色服裝、特殊菜色、紀念碑或古蹟、動物、傳統節慶、文字……等等方面的圖片。

瑜伽—冥想時間

靠牆倒箭式（Viparita Karani）

❶ 躺在地上。

❷ 把雙腿靠牆伸直舉高。

❸ 讓身體和雙腿呈現接近九十度的狀態。

益處

靠牆倒箭式可讓身體放鬆，好好休息，倒轉血液流向，讓腿部的血液往身體流。

本單元的注意事項：

聆聽輕柔的音樂並做本姿勢，有助於冥想。在下背部和臀部墊一個抱枕會更舒服唷！閉上眼睛，注意自己的呼吸節奏。冥想時間的長短，端看小朋友的年齡而定。若你的孩子年紀很小，請他至少做五分鐘。年紀比較大的孩童至少做十五分鐘。

創意激發活動

雖然一家人同住一個屋簷下，但我們常常各忙各的事，忽略別人的存在，沒有好好關心大家在忙什麼。然而，家人需要隨時關懷彼此。當我們互相欣賞、讚美對方時，不但能勉勵彼此，也會為對方帶來面對困難的勇氣與動力。溫柔的關心家人也會讓家中氣氛更緊密和諧。這個禮拜，不妨和另一半與孩子一起玩個讓家人感情升溫的小遊戲。

✂ 當一週的祕密天使

❶ 將家裡每個人的名字分別寫在小紙條上，紙條折好做成籤之後，放在一個布袋、帽子或盒子裡。

❷ 在活動開始前一晚，每個人都先抽籤。你抽到的人就是你的小主人，隔天開始你就是他的守護天使。

❸ 要怎麼當一個好天使呢？你得好好照顧小主人，幫他跑腿，對他說幾句溫柔的話，準備小禮物，共享獨處時光，親密的擁抱……等等。年紀小的幼童也可以參與唷！讓每個人絞盡腦汁，想想該給小主人什麼樣的溫馨驚喜！

❹ 白天時，大家好好疼惜自己的小主人。晚上睡前再抽一次籤，看看隔天的小主人是誰。持續玩一週。

神祕天使的活動會讓家人更細心的關懷彼此，溫柔的表達親情。每個人都會覺得自己受到特別的照顧，家裡的氣氛會更溫馨和樂。你們一定會發現一家人的感情變得更緊密了！

> ❤ **噓！要保密唷！**
>
> 保密會讓遊戲更有趣！別說出去誰是誰的天使。晚上時，大家聚在一起猜猜誰是自己的神祕天使。年紀小的幼童很難隱藏心事，一定會很想說出來。而大一點的小朋友會覺得很好玩，還會想出各種詭計來擾亂視聽！

蒙特梭利工作坊

整理房間很耗時費力，七歲以下的小朋友很難獨力完成，常常需要爸爸媽媽的協助。但是，維持環境清潔的好處很多，小朋友會知道自己的玩具放在哪邊，決定自己想玩什麼。而且，定時整理才不會把玩具搞丟。

鼓勵小朋友整理房間的訣竅

定期分類

現在的社會過度消費，小朋友總是有玩不完的玩具。請孩子辦場二手拍賣會，把已經不適合他的舊玩具賣掉，不但可以賺點零用錢，也能給玩具重生的機會。如果他有一些捨不得賣掉的玩具，就收藏在箱子裡，成為珍貴的童年紀念物。

整頓收納空間

讓小朋友依照他自己的邏輯來幫五花八門的玩具分門別類。你先把櫃子清空，接著請孩子自己來整理和歸納玩具。把小汽車、小火車等交通工具放在一個盒子裡、絨毛布偶收進箱子裡、洋娃娃放在一起，再拿另一個箱子來裝樂高積木……收納好之後，幫內容物拍一張照片，貼在盒子、箱子的外面，就完成井然有序的收納系統。

一次玩一種玩具

請小朋友每次玩玩具時，先拿出一組玩具就好。玩完後，先收好，讓小朋友記得玩具收在哪裡，再玩下一種玩具。

整理遊戲

整理時，不妨發揮想像力，編造一些小故事或安排一些小競賽來讓整理變得更有趣！你可以一邊說故事一邊整理，甚至一起來演出以整理為主題的音樂劇。或者，你可以放一小段音樂，等音樂停止後，看誰的樂高盒子裡收集了最多的積木，或比比看誰收拾玩具的動作最快！

瑜伽

犁式（Halasana）

❶ 坐在地上，雙腿往前伸直，雙腳併攏。

❷ 上半身輕輕往後仰，同時抬高雙腿。

❸ 身體躺在地上，同時把雙腿往頭頂舉，抬高下背部。

❹ 手臂平放在地上，掌心朝下，腳尖觸及地板。

❺ 正常呼吸，保持本姿勢數秒鐘。

❻ 起身回到坐姿，膝蓋彎曲。

❼ 伸直雙腿。

❽ 重覆三次。

如果上面的指示難度太高……

❾ 先平躺在地上，抬起雙腿，慢慢高舉過頭，最後停在頭頂上方。

益處

犁式能伸展背部、脊椎和肩膀，同時讓這些部位更加強壯，促進腸胃的消化功能。

❸

❹

❺

❶

❷

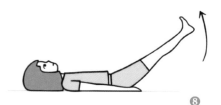

❻

❼

❽

舒緩身心的說故事時間

聚在火爐前

孩子，好好地躺下來，放輕鬆。在一個寒冷的冬夜時分，當你在吃晚餐時，突然有人在外面敲門。你打開了門，一位冷得全身發抖的老先生問你可不可以進屋取暖。你和爸爸媽媽熱忱地歡迎他進來，請他在火爐前歇息。你端了一碗熱湯給老先生，他接過湯慢慢地喝著。他的身體漸漸暖和起來，臉上也有了血色。你問老先生，這麼冷的天氣裡，他在外面做什麼？老先生說，他是周遊世界的旅人，但今天他迷路了。為了感謝你們一家人的熱情招待，他開始跟你們說一個故事。

你和家人在老先生的周圍坐了下來。你坐在房間中央的地毯上，身上裹著毛毯，好奇地聽著老先生說故事。老先生望著你，開始說：「我第一次出門旅行時，跟你的年紀差不多大。」你閉上眼睛，想像自己變成了老先生故事中的小孩。你搭了一艘船，來到一座住了很多原住民的小島。島民們伸開雙臂歡迎你的到來，邀請你一起享用大餐，帶著你在島上四處探險。你看到了很多羽毛艷麗的鳥兒。

接著，你又搭著船前往一處山區，那兒的居民住在用獸皮搭成的帳篷裡。

他們帶著你探索美麗的大自然。你聽著老先生的話語，想像自己在高山峻嶺間前進。

老先生說完故事後，又說他會彈吉他。你立刻給了他一把吉他，自己也抱著另一把吉他坐下來。你們一起彈吉他、唱歌，接著他教你幾首小島居民教他的曲子。後來，你幫他把行李拿過來，他從裡面掏出一個高山居民送給他的遊戲。你們兩人一起玩了好一陣子，直到夜深。多美好的夜晚啊！一家人聚在火爐前烤火，聽著老先生講述四處遊歷的故事，彈彈唱唱，熱鬧極了。

天快要亮了，老先生站起來，說他得跟你們說再見了，因為他將再次踏上旅程。你在心裡想著，等到長大以後，你也要像老先生一樣去環遊世界。

對孩子說故事時，親子共享片刻的寧靜，放鬆身心。

創意激發活動

小朋友很喜歡收集落葉。收集一大堆落葉，就能做成花束或花環。大一點的孩子會用落葉製成植物標本集。仔細看看每片葉子的形狀，是不是帶給你很多靈感呢？你曾經和小朋友一起研究飄在天上的雲，把它們想像成各種東西。現在，不妨和孩子一起觀察葉子，發揮想像力。爸爸媽媽帶著孩子出門去收集葉子，觀察葉子的外觀，盡情揮灑創意，一起製作獨一無二的落葉標本集，讓孩子在樹葉與書頁間建造幻想樂園。

✂ 創意植物標本集

準備工作

材料：

- 四處撿拾的落葉
- 膠水
- 黑色麥克筆
- 白紙

栗樹葉是不是長得很像兔子的耳朵？七葉樹的葉子像不像孔雀的尾巴？橡樹葉像不像公雞的雞冠？你是不是撿過一些黃色的圓葉子，看起來就像毛絨絨的小雞一樣？

你可以先示範一兩次給小朋友看，讓他們明白怎麼製作創意標本集，接著就讓他們自行發揮，帶給你意外驚喜。

把收集到的落葉先夾進厚厚的書本裡。不用花太多時間來等樹葉變平，因為這是強調靈感的即興活動。把樹葉黏在紙上，接著畫出你想像到的東西，比如貼上兩片栗樹葉，下面畫上兔子的臉，就完成一隻可以擺動兩個長耳朵的可愛兔子。

♡ 立體作品

把落葉黏在紙上能夠完成平面的作品，但小朋友說不定會發揮創意，把白紙揉出立體的紋路，創造更有趣的效果。本活動沒有任何限制，小朋友想怎麼做標本集都可以。

小朋友是不是覺得外殼有很多細毛的栗子長得很像小刺蝟呢？鼓勵小朋友收集幾顆栗子，在上面畫上幾筆，就完成一個可愛的刺蝟家族，多有趣呀！小朋友的想像力無邊無際。本活動不但能讓小朋友親近大自然，還能刺激他們動動腦，一舉兩得！

五彩蝸牛殼

讓幼童和兒童們盡情活用各種色彩來幫蝸牛殼上色，同時幫空白蝸牛殼畫上各種幾何圖案。年紀愈大的小朋友，愈能畫出繁複的花紋。

請大孩子除了畫蝸牛殼外，也畫出蝸牛的頭和身體。

蒙特梭利工作坊

帶著小朋友上街購物時，常常演變成一場親子大戰。原本你心平氣和地逛街，但你們不經意走過一家糖果店，於是小朋友立刻要你買糖果給他吃。你告訴孩子家裡還有很多糖果，沒有必要再買。然而，孩子執拗地大哭大鬧，你驚慌失措，不管你怎麼柔聲安撫，他就是不肯安靜下來。爸爸媽媽要不是帶著吵鬧不停的孩子落荒而逃，要不就是一時情緒失控，大聲斥責不聽話的小孩。

告別壓力的購物時間

很多人都說現在的父母太溺愛小孩，小孩變得愈來愈難管教，動不動就大發脾氣。其實，這種事見人見智。小孩並沒有變得更難纏，而是他們的成長環境改變了。現在，日常生活中有太多東西分散他們的注意力，比如電腦、糖果等等，還有各種推陳出新的小玩意兒。

對小朋友來說，商店裡的誘惑實在太多了。他們一下子看到各種新奇的物品，接收來自四面八方的訊息，但他們腦部發展還不夠成熟，一時之間無法應付，而產生很大的壓力。因此，小朋友急著想找到熟悉的東西，比如糖果店、玩具店、某個他喜歡的東西……等等，來讓自己的心情平靜下來。當大人拒絕他們的請求時，他們就會鬧脾氣，因為他們還不懂得如何控制自己，這些都是很正常的反應。而且，他們也不懂得怎麼轉換心情。孩子的反應，只是一種面對壓力的表現而已。人承受壓力時，通常會有三種反應：攻擊（一有危險，立刻想辦法反擊）、逃跑（想辦法躲開自保）和裝死（停止一切動作）。

當外界環境讓小朋友感覺有壓力時，大人可以用下列辦法來幫助他排解：

- 派給他一個任務，比如：請他選擇某種水果，一起列出購物清單，請他整理購物推車裡的商品，請他秤蔬果的重量……等等。

- 問他問題，轉移他的注意力。你可以問：「數數看這個袋子裡裝了幾個蘋果？」

- 避開人潮很多的尖峰時間。

- 改在網路購物。

- 問問孩子是不是餓了或累了。

- 和孩子一起唱首歌。

- 刺激孩子的想像力。你可以問他：「你很想要這隻泰迪熊嗎？為什麼你那麼喜歡它？它有什麼特別？它是什麼顏色？我也很想要一隻泰迪熊，不過我想要一隻三公尺高的超大泰迪熊，而且它還會發出豬叫聲呢！」

瑜伽——冥想時間

獅子式（Simhasana）

① 跪坐在地上。

② 雙手分別放在膝蓋上，五指張開伸直。

③ 一邊吸氣，一邊縮起肩膀、彎曲背部。

④ 低頭看著肚臍。

⑤ 一邊吐氣，一邊伸長舌頭，盡量碰到下巴，同時向上望。

⑥ 像獅子一樣發出又長又可怕的吼聲。

⑦ 動動臉部肌肉，做出愈兇猛嚇人的表情愈好。

注意事項：

獅子式讓小朋友學會怎麼正確的吸氣和吐氣。吸氣時，孩子是一隻伺機而動的獅子；吐氣時，孩子變成咆哮的獅子。獅子式會讓小朋友的臉部和眼睛周圍的肌肉、脖子、舌頭變得更靈敏。

創意激發活動

人為的鳥兒餵食器很受小鳥們的歡迎，特別是食物稀少的冬天來臨時。只要在餵食器中放一些穀物、飼料，附近的鳥兒就會成群結隊地飛過來。想要看到鳥兒的蹤跡，何不自己做一個鳥兒餵食器？你們不但能餵飽飢腸碌碌的鳥兒，還能好整以暇地近距離觀察小鳥的動作。隨著小朋友愈長愈大，你們會一起認識愈來愈多種類的鳥。而且，餵鳥也會成為美好的親子習慣。

✂ 製作鳥兒餵食器

製作過程

材料：

- 一個寶特瓶
- 兩根木筷或木棒
- 釣魚線
- 一把剪刀

❶在寶特瓶三分之一高的地方，拿一根筷子穿過瓶身，做成讓小鳥佇足的支架。

❷把第二根筷子與第一根筷子交叉穿過塑膠瓶，這樣寶特瓶的前後左右就有四段突出的支架。

❸在每個支架上方，用剪刀剪出直徑約五公分大小的圓口。開口必須夠大，鳥兒才能把頭伸進寶特品裡吃飼料。

❤ 定時餵食

必須定時在瓶子裡裝滿飼料，才能吸引鳥兒們飛來吃。小鳥們有自己的習慣，如果牠們知道什麼時候有東西可以吃，就會每天飛過來拜訪你家。你們才能好好地觀察鳥兒。

❹在瓶蓋上鑿一個小洞，把釣魚線穿過去，打個死結，就能掛起來。接著在寶特瓶中倒入飼料，蓋上瓶蓋。

❺現在，你可以把餵食器掛在樹枝上。

❻寶特瓶裡可以裝鳥飼料，或麵包屑、蘋果核、其他食物碎片或一些吃剩的麵條。每隻鳥兒都可以挑自己喜歡的東西吃。記得填裝飼料時，高度不要超過你挖好的洞，不然裡面的食物會掉得到處都是。

蒙特梭利工作坊

愈來愈多的科學研究顯示，糖份對我們的行為與情緒有很大的影響。糖份會讓我們變得過度好動、做出衝動行為，甚至產生注意力缺失的過動症狀。

伊莎貝爾‧菲里奧沙（Isabelle Filliozat）說：「如果小朋友很難專心，而且對牛奶過敏的話，只要讓他停止喝牛奶，一天之內，小朋友就會變得比較容易專心。有時，糖份是讓小朋友注意力下降的原因。只要讓他停止攝取糖份一天，就能看到小朋友的行為改變了。不過，如果小朋友的體質對麩質過敏，那必須停止食用麩質五天後，才能看到效果。如果小朋友很愛哭、動不動就發脾氣，父母得考慮減少牛奶和糖份的攝取量。」

✋ 減糖生活大挑戰

和小朋友一起打開食物櫃，看看食品包裝上的成份列表。告訴孩子糖份對身體的危害，說說和糖有關的小故事，糖的製作過程，討論哪一種糖比較健康。你可以在附近的圖書館中，找到許多和食品營養、糖份攝取有關的書籍。

製作一頓無糖的大餐！

和小朋友一起研究家中有哪些食材，怎麼做出一桌從前菜到甜點，完全不加糖的大餐。你和孩子將能共度一段歡樂又有挑戰性的下廚時光。

糖有哪些壞處？

- 增加血糖濃度，讓血壓升高。
- 改變人的情緒與感受力。
- 增加心臟病的風險。
- 有時糖份和食品添加物結合後，會降低人的專注力，讓人變得煩躁好動。
- 加速癌細胞生長。
- 糖容易讓人上癮。

哪些東西可以取代不健康的糖？

- 黑糖
- 蜂蜜
- 甜菊萃取物
- 楓糖
- 椰糖
- 樺樹蜜

瑜伽

 坐蝴蝶式（Baddha Konasana）

❶坐在地上，雙腿伸直，雙腳併攏。

❷彎起膝蓋，把雙腳拉近身體，愈近愈好，腳掌緊貼地面。

❸雙腿往左右兩側打開，盡量讓雙膝靠近地面。雙手握住雙腳，把五指和腳趾交錯排列，同時挺直脊椎。

❹深呼吸數次，保持本姿勢愈久愈好。

❺重複三次。

進階變化：你可以在完成動作❸後，讓雙膝上下擺動，就像蝴蝶拍動翅膀一樣。

益處
坐蝴蝶式能伸展脊椎、大腿後面的肌肉、腹股溝和膝蓋，同時增加韌帶、骨盆附近肌肉的柔軟度。

 ❶

 ❷

 ❸

 ❹

 進階變化

🗨 舒緩身心的說故事時間

生日慶祝

孩子，好好地躺下來，放輕鬆。此刻你興奮極了，因為今天是你的生日！你邀請所有的朋友來參加生日派對，他們都會帶禮物過來。不過，你得先裝飾客廳，準備戶外遊戲，做蛋糕，而且你還得準備餐點給留下來吃晚餐的客人。你做了很漂亮的花環，掛上你自己畫的圖，同時在牆壁掛上「生日快樂」的彩旗。接著，你幫忙爸爸媽媽做你最愛吃的巧克力蛋糕。大功告成後，你就坐在窗戶前，等著好朋友們的到來。

你最好的朋友和他媽媽最早到，幾分鐘後，其他朋友們也陸陸續續抵達了，每個人都準備了禮物送給你。賓客們到齊後，你請大家喝飲料，接著你們開心地玩了起來。

你事先用心的把花園佈置成迷你夏日園遊會的樣子。你們玩了很多遊戲，一下子在水池中釣塑膠鴨，一下子把椰子當作標靶，看誰丟的球能一口氣打到椰子。大家玩得不亦樂乎，沒有人在乎輸贏，只想盡興地玩。突然之間，大家安靜了下來。原來是吹蠟燭的時刻到了！

大家把一個漂亮的蛋糕端到你的面前。你深吸一口氣，再用力地吹氣把所有的蠟燭同時吹熄，大家鼓掌歡呼。現在可以吃蛋糕了。每個人都說蛋糕好吃極了。吃完蛋糕，就可以拆禮物了。你拆開每個禮物，覺得好開心。

你和朋友們吃吃喝喝地過了一天，每個人都非常快樂，笑聲不斷。多麼完美的生日派對啊！你會永遠記得這一天！

對孩子說故事時，親子共享片刻的寧靜，放鬆身心。

創意激發活動

想和小朋友一起下廚嗎？不妨來做水果派！水果派不但容易做，而且可以隨時令調整食材，只要使用當季的水果就能做出好吃的水果派。你可以請孩子模仿曼陀羅的圖案，把切片的水果在塔皮上排出幾何對稱的圖形，排得愈整齊愈好。這樣一來，不但能激發小朋友的美感，也能增添烘焙的趣味性。下廚也能變成一種訓練專注力的活動。你們一定會做出既漂亮又獨一無二的水果派！

✂ 曼陀羅派

準備工作

材料：

- 當季水果
- 油酥派皮或千層派皮
- 糖漬水果或果醬
- 杏仁粉
- 糖粉

❶ 最簡單的作法，就是選擇可以放進烤箱烤的水果來做水果派，這樣就不用另外做卡士達奶油餡，既省時又省力。在烤盤裡鋪上派皮後，請孩子用叉子把派皮戳一些小洞。小朋友一定會覺得很好玩。

❷ 在派皮中鋪上一層糖漬水果或果醬，會讓水果派更好吃。如果你用了杏桃這一類比較酸的水果，可以把杏仁粉和糖粉拌在一起，灑在杏桃果肉上。

❸ 蘋果、桃子、西洋梨等水果可切成薄片。李子或杏桃等比較小的水果，只要對切或切成四片。接著把水果一一排列在派皮上。冬天時，如果買不到鮮甜的水果，也可以加點水果糖漿，增加甜度。可以的話，最好選擇兩到三種水果做成綜合水果派。最重要的是，讓小朋友發揮想像力，把水果鋪成像曼陀羅一樣的幾何圖案。

♥ 糖霜

想讓水果派變得更美味嗎？請大孩子幫忙做糖霜。先在缽中打一個蛋，倒進一大匙的糖、兩大匙的牛奶，均勻攪拌後倒在派上，再放進烤箱烤。

若家有幼童

把派分成幾個區塊，請孩子放上不同水果。如果你們選用三種水果，就把派分成三等分，請孩子用蘋果片填滿三分之一，接著用杏桃填滿三分之一，最後的三分之一放上李子。

若家有年紀大一點的兒童

請他們把水果由外而內，排成一圈一圈的水果圖案。比如：一圈蘋果，一圈李子，再一圈蘋果、再一圈李子……

若家有大孩子

請他們先放上三到四塊比較大的水果，比如去核的橫切杏桃片，或半個沾了糖漿的西洋梨。在大片水果的周圍，用其他比較小片的水果排出一圈圈的圖案，或者排成放射狀的圖案也可以。

最後，放進烤箱烤。烤好之後別忘了先拍張照片留念，再大快朵頤！

各式各樣的笑臉

每個表情圖案都成雙成對，但有一個孤零零的臉蛋。找找看！它在哪裡？

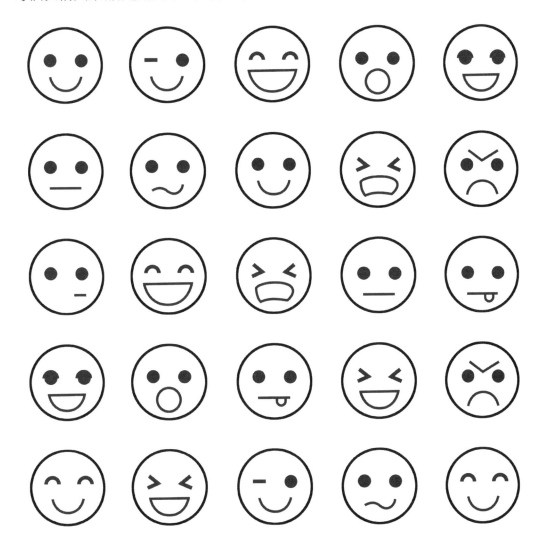

請年紀小的幼童幫所有的笑臉塗上黃色。並請他們花點時間，看清楚每個表情。每一個臉蛋都代表了不同情緒，請孩子在臉蛋下面，寫出它表達的是哪一種心情。此時，和孩子好好地聊一下，問問他們在什麼情況下會露出這種表情。

年紀大一點的孩子很快就會發現，每種表情都成雙成對。建議他們選用符合圖案表情的色彩來著色，把相同表情的臉蛋塗上同一個顏色。

蒙特梭利工作坊

孩子之間常常吵來吵去，有時，大人和小孩也會發生衝突。在家中安置一張和平之桌，情緒激動的人能坐在和平之桌前讓自己冷靜下來，和剛剛吵架的對象言歸和好。

瑪麗亞·蒙特梭利女士說：「很多人以為，和平就是戰爭停止的意思。事實上，和平並不只是止戰而已。戰爭的最終目的就是達成和平，因此和平是終極的勝利。」

✋ 和平之桌

發生衝突時，請做下列步驟：

- 找一個空間，放一張小桌子和兩把椅子。擺上象徵和平的裝飾品，比如一幅畫、鴿子的小雕像、照片、地球儀……等等，營造放鬆的氣氛，讓這兒成為令人放鬆心情的小天地。當有人吵架時，請兩位當事者坐下來，在這兒好好聊一聊，冷靜的解決紛爭。

第一次使用和平桌時，除了當事人，再找一個人當調解者，把當事者雙方講的話再說一遍，確保兩個當事者都理解對方的意思。

- 當兩個人吵架時，一起在和平之桌前坐下來。第一個人先說自己的看法，並以「我」為主詞，講述自己的觀點和感受，不要責怪別人。另一個人接著表達他的看法。請參考下面的範例：

莉雅：「我原本在玩玩具車，但愛莉絲把玩具車從我手中拿走。我很生氣，因為我想在房間裡靜靜地一個人玩。」

愛莉絲：「我看到莉雅一個人待在房間裡，沒有出來跟我玩。我不太開心，因為我想跟她玩，所以我拿走了她的玩具車。」

中間人該做什麼？

- 當你做調解人時，千萬不要有特定立場，一定要保持中立，把當事人說的話換句話再說一遍。如果有必要的話，你可以詢問當事人聽到對方的說法後，有什麼想法。你可以說：「莉雅說，她想安靜地一個人玩一會兒。愛莉絲，你覺得呢？」

- 問問當事人，能不能想出什麼解決衝突的辦法。讓當事人自行討論，除非他們詢問你的意見，不然你不用參與討論，也不需要發表看法。小朋友通常能自己找出連大人也想不到的解決辦法喔！而且很快就能重修舊好。

讓孩子盡情表達自己的心聲。

瑜伽—冥想時間

🍃 吹氣遊戲

❶ 跪坐在地上。

❷ 把一張面紙揉成一團，放在膝前。

❸ 輕輕吹氣，把面紙往前吹動。

❹ 接著，平躺在地上。

❺ 再拿一張面紙，蓋住你的嘴巴。

❻ 用口吹氣，讓面紙飄浮在你的臉上方。

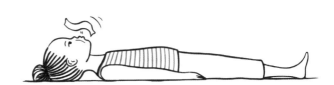

注意事項：

在進行步驟❶到步驟❸時，為小朋友設下一個終點線，請小朋友把面紙吹到終點線為止。記住，請他們想辦法吹出悠長穩定的氣，不要短促地吹氣。你可以要求他們，以三次吹氣為限，把面紙吹到目標線。你也可以和孩子來場小比賽，看誰吹得久、誰的氣比較長。

創意激發活動

視覺常常凌駕於其他的感官之上。當我們看見某個東西、某個景色時，會忘了注意嗅覺、觸覺和聽覺。然而，每一種感官都有不可抹滅的重要性，我們得活用五感，才能真正了解身邊的世界。以聽覺來說，當我們排除都市生活的噪音干擾，就能聽到鳥兒的啁啾，風吹動樹梢的聲音，也會聽到潺潺流水聲。藉由本活動，可以引導孩子用心聆聽周圍的聲音動靜。

✂ 聲音記事

準備工作

材料：

- 滾筒衛生紙的紙筒
- 訂書機
- 彩色筆

製造聲音的材料

- 米粒／珠子／玩具球／種子／鈕扣／號角

❶ 把紙筒的一端用釘書機釘起來，就做成一個小容器。

❷ 任選一種製造聲音的材料，把它們倒進紙筒中。接著，把紙筒的開口往和底部不同的方向壓平，形成一個立體的粽子形狀，再用釘書機封住開口。

♥ 紙筒可以換成寶特瓶

你可以把優酪乳的空瓶洗乾淨，在裡面裝些東西，也能創造出有趣的聲音！寶特瓶加蓋之後，比紙筒還牢固，可以裝細沙之類很小的東西，也不會灑出來唷。

若家有幼童，只要準備五、六種不同大小、材質的東西裝起來即可。

若家有大孩子，那就準備更多的材料，製造更多樣化的聲音。

❸ 把同樣的材料，裝進另一個紙筒中。確保兩個紙筒裡面裝了一樣多的東西。

❹ 在裝有相同內容物的紙筒上，用同顏色的色筆做記號，就做成一組聲音筒。用同樣的方法，多做幾組。

❺ 搖搖看每組聲音筒，確保它們發出類似的聲音。

❻ 接著，幫小朋友蒙上眼睛。遞給小朋友一個聲音筒，請他搖搖看，聽聽紙筒發出的聲音。請他在其他的紙筒中，找出另一個發出相同聲音的紙筒。讓小朋友一一聽過每個紙筒的聲音，幫它們配對。

蒙特梭利工作坊

面對憤怒的情緒是很重要的人生課題，值得寫一本專書來講解。小朋友常常發脾氣，連帶影響到爸爸媽媽的心情。大人常常以為，小孩子是「故意惹人生氣」，其實並不然。小孩子的腦部還在發育中，和大人的思考模式大不相同。成年後，孩子腦部的發育才會成熟。因此，小孩子常常無法控制自己的行為，有時會做出「不適當」的事。你能透過下面幾種方式來面對生氣的小孩。

排解怒氣的遊戲

小孩子發脾氣時，其實是發出求救訊號。他接收到目前還無法消化、理解的訊息，只能直覺地用發脾氣來排解內心巨大的壓力。他有某種強烈的需求但又不知該怎麼滿足自己，因此才會做出令人困擾的行為。

爸爸媽媽必須了解小朋友為什麼發脾氣，才能一起解決壓力造成的難題。當小朋友不開心時，爸爸媽媽也會陷入壓力之中，想著孩子是不是沒睡好？是不是餓了？是不是到了反抗期？他是不是身體不舒服，或者生病了？爸爸媽媽要盡量保持心平氣和的口氣，問問孩子是不是哪裡不舒服。如果你仍然搞不清楚問題出在哪裡，小朋友還是鬧個沒完沒了，此時，不妨和孩子做些平靜心情的小活動，減少孩子的身心壓力。

小朋友透過模仿大人的行為來學習。如果小朋友看到你怎麼面對壓力，那他就會學起來，以後他獨自面對壓力時，就會用你的方式來處理。身體分泌壓力荷爾蒙（皮質醇）時，就會讓人變得易怒，而平息壓力的方法是什麼呢？那就是愛！更明確的說法是催產素，這是帶來愛意、親密感、產生濃情蜜意的人體荷爾蒙，它能平息我們的怒氣。

不管小朋友發脾氣或你心情不佳時，都可以用下面的方式來轉換心情。

你們可以透過玩鬧來排解怒氣：

- 如果有時間，一起去公園裡散散步，玩玩球，或者在草地上滾來滾去。
- 倒一杯水，插一根吸管，用吸管對水吐氣，製造

很多小水泡。

- 播放音樂，盡情地跳舞。
- 來打一場枕頭仗。記得，要小心力道唷！
- 緊緊抱住生氣的孩子，讓他感覺到你的關心，慢慢冷靜下來。
- 輪流幫家人做「披薩按摩」：把小孩的背當作披薩麵團，你的雙手在他的背上揉來捏去，就好像揉麵團一樣。用手指輕拍背部，想像自己把餡料鋪在披薩上面。最後，你用掌心摩挲背部，讓小朋友的背變得暖洋洋的，這就是「烤」披薩！
- 讓小朋友玩遊戲、跑來跑去，盡情發洩精力。用枕頭悶住嘴巴，大聲吼叫。

 瑜伽

 膝碰胸式（Apanasana）

❶ 平躺在地上。

❷ 緩緩吸氣，彎起膝蓋，把膝蓋抬到胸前的位置。

❸ 雙手交叉環抱膝蓋。

❹ 保持本姿勢數秒鐘。接著緩緩吐氣，把腿放下，回到平躺姿勢。

❺ 重複三次。

 益處
膝碰胸式能伸展下背部，改善消化功能，同時平靜心情，放鬆身心。

 ❶

 ❷

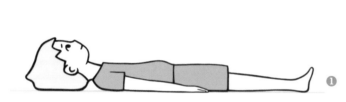 ❸

 ❹

 ❺

🗨 舒緩身心的說故事時間

五彩繽紛的世界

孩子，好好地躺下來，放輕鬆。閉上雙眼，想像你手上握著一個有各種顏料的調色盤。你想利用這些顏料，來描繪公園的景致。你把黃色和藍色混在一起，調出生動的綠色，畫出樹林和草地。你用紅色畫了爭奇鬥艷的花朵和野果。你把紅色和黃色混在一起，調出橘色，畫了一個橘子。你用藍色畫出天空和河水，用白色畫出雲朵。

想想看，你還能用調色盤上的色彩畫出什麼東西呢？比如，你可以用白色畫出一幅雪景，或者小女孩穿著的白洋裝，也可以畫出手電筒的光束，以及湖上的天鵝。只要有白色和藍色，你就能畫出深沉的夜空裡的點點繁星，也可以畫出藍天白雲。你可以用鮮艷

的紅色畫出一大片的鬱金香或虞美人花。你也可以畫出一籃鮮甜多汁的櫻桃、紅蘋果或油桃。你還可以畫落在花園裡的玫瑰花瓣、番茄或草莓。你可以用黃色來畫大太陽或黃檸檬。甜甜的香蕉也是黃色的唷！那綠色呢？所有的植物和樹木都是綠色的，除此之外，還能畫青蛙、鸚鵡之類的動物。橘色呢？橘色是柑橘的顏色，也能畫出紅蘿蔔和小丑魚呢！

想像公園裡開滿了花，遍地都是鬱金香。用你手邊的顏色，畫出美麗的公園。你也可以想像公園上方有一道彩虹，調出七種顏色來畫彩虹。

多麼壯麗的一幅畫呀！

對孩子說故事時，親子共享片刻的寧靜，放鬆身心。

創意激發活動

之前我們安排了沒有時鐘的一天，現在和家人共度不需梳妝打扮的一天吧！一整天，全家人都穿著睡衣走來晃去。但本活動的重點當然不是穿睡衣而已，而是不出門。找一個冬日或天氣不好的日子當做睡衣日，不用急急忙忙地趕著出門玩、也不用趕著辦事，甚至連花園也不去！安排一些在家裡就能做的室內活動，一起度過安靜閒適的一天。

✂ 睡衣派對

睡衣派對

❶ 睡衣派對一定少不了抱枕、棉被和大枕頭。找一個舒服的地方，把家裡所有的枕頭和被子都放在那兒，變成一個愜意的放鬆角落。大家各自拿一本書或準備桌遊，躺在軟綿綿的棉被裡、倚在枕頭上，慵懶地享受靜謐氣氛。你也可以播放優美的古典樂或其他放鬆身心的音樂喔！最後，何不點幾根擴香呢？

❷ 安排一項手工藝活動或按摩時間，互相按摩彼此的手部、腳底和肩膀。

❸ 一起做本書中的瑜伽姿勢或冥想手印。

❹ 不要吃早餐也不要吃午餐，改吃早午餐吧！準備柳橙汁、熱巧克力、可頌麵包、烤麵包、茶、咖啡、各種火腿、水煮蛋、水果沙拉⋯⋯另外再幫每個人準備麥片和鮮果昔。晚上睡覺前，每個人先喝杯暖身的香草茶再各自回房。如果小朋友晚上會睡不好，就不用喝睡前茶。

♥ 枕頭大戰

小朋友需要活動筋骨，才能發洩精力和壓力。如果家裡很大，那麼小朋友可以騎著腳踏車到處逛。但大部分人的家裡空間有限，該怎麼辦呢？來一場枕頭大戰吧！既安全又抒壓，大家一定會玩得哈哈大笑。像這樣的特別驚喜活動會讓孩子們很開心！

今天是特別的一天，讓年紀小的幼童拖著他最愛的玩具布偶到處跑！到了晚上，別忘了跟他說床邊故事，讓他慢慢地沉入夢鄉。

在我的草原上，住著……

請小朋友畫一幅悠閒的田園風情畫。問問他，田野裡住了哪些動物？請他畫在下面。說不定小朋友會畫一台拖拉機，或者畫滿花朵、小鳥。讓他盡情發揮想像力，結合現實與幻想，畫出有趣的田園風景！

蒙特梭利工作坊

蒙特梭利教學法有一個特別為三歲到十二歲的兒童，設計的獨一無二的慶生活動。對年紀尚幼的小朋友來說，地球繞行太陽是一個很難理解的抽象概念，不過他們長大後就會慢慢懂了。現在，刺激他們的五感，從自己的生日來認識地球以外的宇宙世界。

✋ 蒙特梭利慶生會

準備工作

材料：

- 找一根粗蠟燭（當作太陽）及數根和你的孩子年齡相符的小蠟燭
- 一個打火機
- 一個小型地球儀
- 一條線，標示地球繞行太陽公轉的路徑
- 小朋友的成長照片，每一年都挑出一張代表照。
- 一塊方毯
- 十二張標籤，上面標示十二個月分
- 一個盒子，裡面裝滿小朋友成長過程的紀念品
- 一個生日蛋糕

❶ 方毯放好，把代表太陽的粗蠟燭放在中央，並在周圍用線繞出一個橢圓形，代表地球公轉的軌道。把十二張標籤分別貼在軌道上，代表一年之中，地球的不同位置。

❷ 點亮蠟燭，對孩子說：「它代表我們的太陽。太陽是一個熾熱的大火球，不曾熄滅。太陽為地球上所有生物帶來溫暖和光亮。」

❸ 站到小壽星生日月份的標籤前，請孩子也一起站過來。把地球儀拿給小朋友，說：「地球儀代表我們的地球，我們都住在地球上。地球繞著太陽旋轉，要花很多時間才能繞一圈。你知道要花多久嗎？要花一整年喔！今天，你已經6（換成你孩子的歲數）歲了，代表你出生後，地球已經繞了太陽6圈。」接著，你繼續說：「你是在7月出生的，當時，地球的位置在這裡。全世界都等著你的降臨。接著，在7月8日，你就出生了！」

❹ 拿一張小朋友嬰兒時期的照片給他看，講一段他出生時的小故事。

❺ 現在，請小壽星握著地球儀，走在地球的軌道上繞行太陽。當他繞完第一圈後，點亮蛋糕上的一支蠟燭，唱：
「地球繞著太陽轉，
地球繞著太陽轉，
地球花上十二個月繞一圈，
小壽星（換成孩子的名字），你已經一歲了！」

❻ 請小朋友停在他的生日月份，你拿出他一歲的照片，敘述一下他一歲時發生的事。

❼ 請小朋友再拿著地球儀繞行太陽一圈，你再次唱：「地球繞著太陽轉」，結尾時告訴小朋友，此時他兩歲了。接著點亮蛋糕上的第二根蠟燭。

❽ 請小朋友停在生日月份前，你拿出他兩歲的照片，說說他兩歲時發生了哪些事。

❾ 重複以上的步驟，直到小朋友回顧完每一年，來到今年的生日。

❿ 現在，點亮蛋糕上的最後一根蠟燭，對小壽星說：「今天，你已經6（換成你孩子的歲數）歲了！」接著大家一起大聲唱生日快樂歌，最後說：「我們歡慶你的生日，歡迎你出生在地球上。願日月星辰照看著你，不管你身在何處，永遠為你帶來好運。生日快樂！」

⓫ 最後，請小朋友吹熄蛋糕上的蠟燭。讓代表太陽的蠟燭繼續搖曳。

瑜伽—冥想時間

發聲冥想

❶ 以下三種冥想坐姿，任選一種坐下來：簡易坐姿
（sukhasana，雙腿交叉盤腿），金剛坐（vajrasana，跪
坐，臀部坐在腳跟上），蓮花坐（padmasana，分為蓮
花坐與半蓮花坐）。

❷ 雙手結禪定印（Dyana Mudrâ）：把雙手放在下腹前，
右手放在左手上，掌心朝上，雙手的拇指指尖相接。

❸ 深深地吸一口氣，再慢慢地吐出來。吐息時，盡量
保持均勻悠長。同時，發出下列任一種聲音：「ㄛ
……」、「ㄣ……」或「ㄡ……」。

小重點：
若你發的是鼻音「ㄣ……」，就用鼻子呼氣。如果你是用嘴巴發出「ㄛ……」或
「ㄡ……」的聲音，就以口部吐氣。

創意激發活動

一年中有很多互送卡片的機會，比如新年、生日、節慶、舉辦派對⋯⋯都是交換卡片的好時機，你也可以單純為了傳達情意而寫卡片。如果你有幾句貼心話想跟某個人講，也可以用寫卡片的方式，把心意送到對方手中。如果有獨居的鄰居，不妨送一張美麗的卡片給他來表達關心。告訴小朋友，寫卡片是表達心意的好方式，會讓對方留下美好回憶。當我們親手製作別出心裁的小卡片，收到的人一定會很感動。小朋友也能從勞作中體會為別人付出的成就感。

✂ 即興卡片

請小朋友用點點畫、摺紙、植物標本、馬賽克拼貼、自製印章⋯⋯等各種前面學過的勞作技巧來做卡片。他也可以把之前做過的勞作作品當成卡片。除此之外，你也可以參考下面的建議，和孩子一起動手做。

點子一

把過期雜誌的彩頁撕下來，剪成細碎的彩色紙條，塞滿信封，就成了驚喜信封袋。最後再把卡片放進去。記得在信封上標示警語：「小心開啟！」

若家有幼童，請他說出他想寫給對方的話，由你代筆。如果小孩已經開始學寫字，那麼你可以先用鉛筆寫下來，再讓孩子照著你的鉛筆字描寫一遍。

讓已經會寫字的大孩子自己寫卡片，不過你可以在旁建議他，提示他可以寫什麼話、敘述什麼事情，讓卡片內容更生動活潑。

點子二

請孩子畫一張圖，或從他畫好的著色本中，撕下一頁，黏在厚紙板上。請小朋友在背面寫下想說的話，接著把紙卡剪成一塊一塊，就成了手作拼圖。收到的人得先把圖拼起來，才知道卡片寫了什麼話。

點子三

把紙卡折成好幾折，就像傳單一樣，只要一拉就可將整張紙攤開。這種卡片也叫手風琴拉拉卡唷！紙卡折好後，你可以剪出各種形狀，比如剪成雙手張開的小人，攤開之後就會變成好幾個手心相連的紙人喔！最後在背面寫下幾句話！

在製作卡片前，先問問孩子，他想幫誰做卡片。此時是對住在遠方的人，表達思念之情的好時機。

蒙特梭利工作坊

大部分的遊戲都有輸有贏，贏家受到眾人讚美，而輸家則鬱鬱不樂；這種遊戲強調個人主義和彼此較勁。團隊合作的遊戲剛好相反，重視玩家的團隊精神，培養互助態度。大家一起贏、一起輸，沒有誰比較厲害，不用彼此比較。小朋友必須一起找出成功的辦法，同心協力才能完成目標。這樣的遊戲會讓大家的感情更好唷！

團隊遊戲

下面列出四種團隊遊戲。

音樂椅遊戲

❶ 大家圍成一個圓圈，裡面放上一圈椅子，椅子的數量比遊戲人數少一張。

❷ 播放一段音樂，大家繞著圓圈走。

❸ 音樂一停下來，大家就得趕緊找張椅子坐下。沒有椅子坐的人，就坐在別人的大腿上。

❹ 再拿掉一張椅子，接著大家站起來，隨著音樂繞著圓圈走。音樂一停，沒有椅子坐的兩個人就得坐在別人的大腿上。

❺ 一直重複，直到只剩一張椅子，大家都擠在一起。

搶色遊戲（遊戲人數需六人以上，且必須是三的倍數）

❶ 有幾個玩家，就準備幾條領巾。不過，你必須準備同樣數量的紅色、藍色、黃色領巾。

❷ 給每個玩家一條領巾，不要讓別人看到顏色。

❸ 放一段音樂，大家一起走來走去。

❹ 音樂一停，小朋友就把領巾掏出來，拿到同樣顏色的人必須趕緊聚在一起。

❺ 大家把領巾往地上一丟，變成一堆同色領巾。

親子動物（遊戲人數必須是二的倍數）

❶ 玩家二人為一組，每一組代表一種動物，一個人當動物媽媽，一個人當小動物。各對自行決定要發出哪一種叫聲，比如鳥鳴、狗吠、狼嚎……等等。決定要扮哪一種動物、發出哪一種叫聲後，大家就散開來。

❷ 把動物媽媽們的眼睛蒙上，請小動物移動位置。

❸ 小動物發出叫聲，讓動物媽媽憑著聽覺，找出她的小孩在哪裡。

畫圖遊戲（遊戲人數兩人）

❶ 玩家背對背坐好。每個人都有一支筆和一張紙。

❷ 一個人先在紙上畫一個東西。不可說出來自己畫了什麼。

❸ 畫好後，對另一個人下指令，引導他畫出你畫的東西。注意！不可以直接說你畫了什麼！

❹ 畫好後，把兩個人的圖畫比較一下，看是不是畫出同一個東西。

❺ 角色交換。

嬰兒式（Balasana）

❶跪坐在地上。

❷上半身往前彎下，讓額頭碰到地板。

❸手臂放在身體兩側，往後伸直。

❹正常呼吸，保持本姿勢數秒鐘。

❺重複三次。

益處

嬰兒式可放鬆背部、大腿肌肉和腳踝關節，同時讓身體完全鬆懈下來。

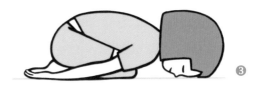

舒緩身心的說故事時間

從海洋到太空

孩子，好好地躺下來，放輕鬆。閉上雙眼，你跳進河裡，悠閒地在河岸邊游泳。各種魚兒和水生植物圍繞著你。有一隻魚邀請你一起踏上漫長的旅程，前往浩瀚無盡的大海。你經過了許多橫跨河面的大橋和城市，還認識了一隻鳥兒。鳥兒飛在空中，陪伴著你游向大海。你終於抵達廣闊的海面。

海實在太美了。你游過陸地邊緣的峭壁，潛進海面下。你看見在天空中閃耀的陽光讓海面下波光粼粼。你看到一大群魚游了過來，好奇地盯著你瞧。帶著你游到海裡的那位魚朋友，介紹你認識其他的魚兒。你覺得小丑魚很漂亮；藍色和黃色相間的魚兒很健忘，常常忘了朋友在哪裡；螃蟹、寄居蟹和海星都停在岩石上。你還看到好大的玳瑁龜。魚朋友帶你潛水到更深的地方，認識奇形怪狀的海底生物。你請魚兒們帶你去看珊瑚礁。游了幾分鐘後，你就看到好多五彩繽紛的

珊瑚，它們是你見過最漂亮的海底生物。接著你游往海面，看到一路陪伴你的鳥兒在空中飛來飛去。牠說，牠要帶你在海面上飛翔。牠一說完，你就飄浮了起來。很多鳥兒飛在你的身邊，帶著你愈飛愈高。牠們是隨季節遷徙的候鳥，打算帶你去遠方的國度玩。你跟著候鳥們旅行，享受高空飛行的樂趣，地上的動物都變得好小好遠。有時，你和鳥兒們停在島嶼上吃東西，或在樹梢歇息。最後，你們終於抵達溫暖的熱帶國度。

但是你並不滿足。你想要飛得更高，去更遙遠的地方。你碰到了雲朵，雲朵摸起來好柔軟，還有點兒潮溼。突然，你飛越雲層，到了外太空。地球在你的腳下，你的頭上繁星點點，有好多好多大大小小的星球。你覺得太空就好像一個鑲滿發亮水晶的圓頂。你繼續飛行，渴望觸摸那些閃爍不定的星星。

對孩子說故事時，親子共享片刻的寧靜，放鬆身心。

創意激發活動

一早起床，就有人做好早餐等著你，是多麼美好的事呀！這一次，讓另一半和孩子一起動手，為你準備美味的早餐。雖然早餐為你而準備，但每個人都會很高興，因為小朋友渴望讓爸爸媽媽開心，會興高采烈地替你做早餐。多幸福呀！當你吃著孩子們準備的早餐，你一定會替他們感到很驕傲！小孩子慢慢長大了！

✄ 美好的早餐時光

一年下來，孩子從你身上學到好多新東西。你們共度了許多親密的親子時光，做了很多手工藝品，煮了很好吃的菜色，分享各種體驗。請你的另一半引導小朋友，利用過去一年學到的各種知識、技巧，完成下面的早餐任務，回顧這一年的美好時光。

下廚

準備早餐時，做一杯新鮮健康的果昔吧（請參考第39週）！別忘了烤幾個愛心千層餅乾（第10週）！想跟爸爸媽媽說什麼嗎？請小朋友做幸運餅乾，在裡面塞一張寫滿心聲的小紙條吧（第4週）！

裝飾家裡

做幾朵紙花（第32週）或蓬蓬彩球（第15週）來裝飾餐桌或早餐托盤。如果你想要在床上吃早餐，可以到處擺放的托盤很方便唷！也可以做彩色紙風車（第42週）來裝飾，或用生麵團做成漂亮的餐具籃（第5週）。

營造氣氛

播放動人的古典樂，特別是某一首你常和孩子一起聽的曲子。

當然，小朋友也可以自行決定早餐的菜單、佈置家裡的裝飾品和音樂曲目。讓孩子盡情發揮創意，讓他利用過去一年所學，幫你準備美味的水果沙拉、豐盛的三明治，或者即興編唱一首歌、用漂亮的書法寫一首詩……他們會真誠感謝你這一年來的陪伴與教導！

♥ 說聲謝謝！

品嚐了小朋友用心準備的早餐後，一定要衷心感謝他們的努力！熱情的讚美他們！告訴孩子，你感到非常驕傲，因為孩子們長大了，能以一己之力做好很多事情。如果他們犯了一些小失誤，親切地鼓勵他們，讓他們重拾信心。這樣他們才能不斷成長進步。

肥皂泡泡

請孩子盡情發揮想像力，畫出炫麗的肥皂泡泡。泡泡可能有很多種顏色或閃爍著動人的光芒。

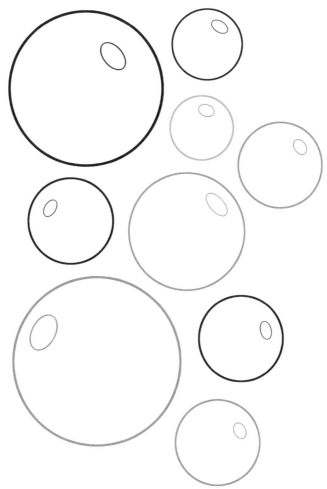

下面列出幾個不論孩子幾歲都適用的小點子：
· 用色筆或水溶性彩色鉛筆，畫出像彩虹一樣的泡泡。
· 把錫箔紙剪成碎片，黏在泡泡上面。
· 用膠水把亮片黏在泡泡上。
如果小朋友想在空白處畫上更多的泡泡，可以用酒瓶塞或棉花棒沾取顏料，像蓋印章一樣蓋在紙上，就能完成大大小小的彩色泡泡！

國家圖書館出版品預行編目(CIP)資料

天天在家玩創藝：200個創意、藝術創作、手作、瑜伽冥想、
自然觀察活動 / 拉媞夏.鞏里翁.碧戈達(Laetitia Ganglion
Bigorda), 蘇菲.德.慕冷愛(Sophie de Mullenheim), 蕭芭娜.薇
芮(Shobana R. Vinay)著；洪夏天譯. -- 初版. -- 臺北市：商周
出版：家庭傳媒城邦分公司發行, 2017.06
　　面；　公分. -- (商周教育館；10)
譯自：Une annee dactivivtes detente avec mes enfants
ISBN 978-986-477-266-7(平裝)

1.親職教育 2.蒙特梭利教學法

528.2　　　　　　　　　　　　　　　　　106009640

商周教育館10

天天在家玩創藝：
200個創意、藝術創作、手作、瑜伽冥想、自然觀察活動

作　　者／拉媞夏．鞏里翁．碧戈達（Laetitia Ganglion Bigorda）、蘇菲．德．慕冷愛（Sophie de Mullenheim）、
　　　　　蕭芭娜．薇芮（Shobana R. Vinay）
翻　　譯／洪夏天
企劃選書／黃靖卉
責任編輯／彭子宸

版　　權／翁靜如、吳亭儀、黃淑敏
行銷業務／張媖茜、黃崇華
總 編 輯／黃靖卉
總 經 理／彭之琬
發 行 人／何飛鵬
法律顧問／台英國際商務法律事務所羅明通律師
出　　版／商周出版
　　　　　台北市104民生東路二段141號9樓
　　　　　電話：(02) 25007008　傳真：(02)25007759
　　　　　E-mail：bwp.service@cite.com.tw
發　　行／英屬蓋曼群島商家庭傳媒股份有限公司城邦分公司
　　　　　台北市中山區民生東路二段141號2樓
　　　　　書虫客服務專線：02-25007718；25007719
　　　　　服務時間：週一至週五上午09:30-12:00；下午13:30-17:00
　　　　　24小時傳真專線：02-25001990；25001991
　　　　　劃撥帳號：19863813；戶名：書虫股份有限公司
　　　　　讀者服務信箱：service@readingclub.com.tw
　　　　　城邦讀書花園：www.cite.com.tw
香港發行所／城邦（香港）出版集團
　　　　　香港灣仔駱克道 193 號東超商業中心 1F　E-mail：hkcite@biznetvigator.com
　　　　　電話：(852) 25086231　傳真：(852) 25789337
馬新發行所／城邦（馬新）出版集團【Cite (M) Sdn Bhd 】
　　　　　41, Jalan Radin Anum, Bandar Baru Sri Petaling,
　　　　　57000 Kuala Lumpur, Malaysia.
　　　　　電話：(603) 90578822　傳真：(603) 90576622
　　　　　Email: cite@cite.com.my

封面設計／朱陳毅
內頁設計排版／洪菁穗
印　　刷／中原印刷事業有限公司
經 銷 商／聯合發行股份有限公司
地址：新北市231新店區寶橋路235巷6弄6號2樓
電話：(02)2917-8022 傳真：(02)2911-0053

■2017年6月29日初版

ISBN 978-986-477-266-7　　Printed in Taiwan

定價500元

城邦讀書花園
www.cite.com.tw
著作權所有，翻印必究

廣　告　回　函
北區郵政管理登記證
北臺字第000791號
郵資已付，免貼郵票

104　台北市民生東路二段141號2樓

英屬蓋曼群島商家庭傳媒股份有限公司城邦分公司　收

請沿虛線對摺，謝謝！

書號：BUE010　　書名：天天在家玩創藝　　　編碼：

 商周出版

讀者回函卡

感謝您購買我們出版的書籍！請費心填寫此回函卡，我們將不定期寄上城邦集團最新的出版訊息。

不定期好禮相贈！
立即加入：商周出版
Facebook 粉絲團

姓名：＿＿＿＿＿＿＿＿＿＿＿＿＿＿＿＿＿ 性別：□男　□女

生日：西元＿＿＿＿＿＿＿年＿＿＿＿＿月＿＿＿＿＿日

地址：＿＿＿＿＿＿＿＿＿＿＿＿＿＿＿＿＿＿＿＿＿

聯絡電話：＿＿＿＿＿＿＿＿＿　傳真：＿＿＿＿＿＿＿＿

E-mail：

學歷：□ 1. 小學 □ 2. 國中 □ 3. 高中 □ 4. 大學 □ 5. 研究所以上

職業：□ 1. 學生 □ 2. 軍公教 □ 3. 服務 □ 4. 金融 □ 5. 製造 □ 6. 資訊

　　　□ 7. 傳播 □ 8. 自由業 □ 9. 農漁牧 □ 10. 家管 □ 11. 退休

　　　□ 12. 其他＿＿＿＿＿＿＿＿＿＿＿＿＿＿＿

您從何種方式得知本書消息？

　　　□ 1. 書店 □ 2. 網路 □ 3. 報紙 □ 4. 雜誌 □ 5. 廣播 □ 6. 電視

　　　□ 7. 親友推薦 □ 8. 其他＿＿＿＿＿＿＿＿＿＿＿＿

您通常以何種方式購書？

　　　□ 1. 書店 □ 2. 網路 □ 3. 傳真訂購 □ 4. 郵局劃撥 □ 5. 其他＿＿＿＿

您喜歡閱讀那些類別的書籍？

　　　□ 1. 財經商業 □ 2. 自然科學 □ 3. 歷史 □ 4. 法律 □ 5. 文學

　　　□ 6. 休閒旅遊 □ 7. 小說 □ 8. 人物傳記 □ 9. 生活、勵志 □ 10. 其他

對我們的建議：＿＿＿＿＿＿＿＿＿＿＿＿＿＿＿＿＿＿＿

＿＿＿＿＿＿＿＿＿＿＿＿＿＿＿＿＿＿＿＿＿＿＿＿＿＿＿

＿＿＿＿＿＿＿＿＿＿＿＿＿＿＿＿＿＿＿＿＿＿＿＿＿＿＿